갓생 라틴어

에세이로 읽는 라틴어 30문장

세움북스는 기독교 가치관으로 교회와 성도를 건강하게 세우는 바른 책을 만들어 갑니다.

갓생 라틴어

에세이로 읽는 라틴어 30문장

초판 1쇄 인쇄 2024년 4월 10일
초판 1쇄 발행 2024년 4월 15일

지은이 | 배태진
펴낸이 | 강인구
펴낸곳 | 세움북스

등 록 | 제2014-000144호
주 소 | 서울시 종로구 대학로 19 한국기독교회관 1010호
전 화 | 02-3144-3500
이메일 | cdgn@daum.net

디자인 | 참디자인

ISBN 979-11-93996-00-3 (03230)

에세이로 읽는 라틴어 30문장

갓—생
라틴어

배태진 지음

세움북스

삶으로 삶을 가르치시는 어머니께

서문

1. 나의 생, 고전이 만든 시간

저는 세 아들의 아빠가 '됩니다.'

저는 이 책을 세 아들의 아빠가 되는 준비 과정 속에서 써 내려 갔습니다.

그동안 저는 4살과 3살 연년생 아들들과 씨름하는 아빠이자,

셋째 아들을 임신하여 배가 점점 무거워져 가는 아내의 남편으로 살면서, 매일 이불을

털고, 청소기를 돌리며, 설거지나 빨래 개기 등과 같은 일로 일상을 보내왔습니다.

저는 앞으로 한 달 간 더 이렇게 지내다가 세 아들의 아빠가 '됩니다.'

이 '됩니다'는 인간이 현재 삶 속에서 흔히 겪는 것입니다.

'될 것이다', '될 수 있다', '될지 모른다', '될 수 있을 것이다'처럼요.

삶에 관한 모든 탐색은 막연함을 동반합니다.

불확실은 시간이 지나야만 현실로 확정됩니다.

그런 현실에 대해, 고전이 보여 주는 삶은 참으로 주체적이고 창조적입니다.

고전은 삶의 복잡함을 낱낱이 파헤치면서도 현재의 고됨을 헤쳐 나갈 배짱을 줍니다.

그렇기 때문에 우리는 수고스럽지만 고전 읽기를 합니다. 시간을 뚫고 남아 있는 메시지를 찾습니다.

저는 고전으로부터 배워 왔고 배워 온 대로 살아가려는 사람 중 한 명일 것입니다.

그것을 읽음의 맛과 기쁨이, 나이 서른에 세 아들의 아빠가 되는 제 삶을 지탱합니다.

저는 고전과 함께, 불투명하게 다가오는 미래들을 현실로 끌어안아왔습니다.

고전이 미래를 현실로 열어젖히는 삶을 살게 해 주었고,

제 삶에 의미 있는 실천이 가능해지도록 해 주었습니다.

2. 갓생, 의미를 살다.

고전이 제게 준 가장 큰 선물은, 의미를 사는 것입니다.

고전은 삶의 의미를 일깨워 일명 '갓생'을 살게 합니다.

신조어 "갓생 살다"란 부지런한 삶을 계획하고

이를 반복적으로 실천하여 얻은 성취감 있는 삶을 뜻합니다.

갓(God)한 인생(人生)인 것이지요.

그런데 제가 고전에서 배우는 '갓생'은 '부지런함의 반복'보다는

'의미를 추구함'에 가까워 보였습니다.

그래서 저는 "갓생 살다"의 정의를 '의미'와 관련해 찾으려고 합니다.

의미는 모두가 묻고 있으나 쉽게 되묻지는 않는 것입니다.

의미는 좀 더 살펴야 할 필요가 있는 그 무엇입니다.

일상 가운데 "이러저러함을 위해 이러저러하게 했다"는 말에는

"무엇을 위해", 즉 "의미에 맞게 행했다"는 뜻이 담겨 있습니다.

양치질만 해도 치아 건강을 '위한', 즉 '의미하는 일'입니다.

4살과 3살 아이에게 양치질은 '세균맨'을 빼내는 일이라는 의미가 부여됩니다.

의미는 그 일의 가치를 드러내어 바로 그것을 하게 합니다.

그런 점에서 실천된 의미야말로 진정한 의미라 할 것입니다.

기능성과 효용성이 최고인 것인 양 숭배되는 경쟁 사회를 삽니다.

최신식 스마트 세대에게 의미는 물을 시간과 여유가 없는 것입니다.

이런 때일수록 의미는 더욱 빛이 납니다. 삶의 가능성을 발견할 기초로서요.

의미는 각자 삶을 스스로 받아들이게 하고

그에 적합한 역할을 감당하게 할 토대입니다.

의미를 찾는 데 있어서 과정의 중요성도 기억해야 합니다.

의미를 찾는 과정이 의미 있는 방향성에 있다는 뜻이기 때문입니다.

의미 찾기를 하는 이유는 하고 있는 일을 올바로 실천하기 위함입니다.

그러므로 의미는 실천을 지향하는 씨앗이자 열매입니다.

그리고 갓생은 인간이 모두 하고 있는 이 의미 찾기를 보다 잘 실행하며 사는 삶입니다.

3. 삶으로 읽는 『갓생 라틴어』

고전에서 배운 의미들은 삶에 적용되고, 살아낸 삶은 고전에 비추어 성찰됩니다.

저는 '고전에 대한 관심'이 또 다른 누군가에게도 전해지길 바라는 마음으로 이 책을 구

성했습니다.

즉, 이 책은 라틴어 학습과 더불어 삶으로 고전을 만나도록 하기 위해 만들어졌습니다.

각 장별 구성을 소개하면,

"주제 속으로"는 라틴어를 몰라도 아무런 상관이 없는, 각각의 주제로 들어가는 삶을 위한 에세이입니다.

"문장 속으로"는 고전 속 라틴어 문장의 각 요소를 살펴보면서 다른 언어(특히 영어와 유럽어)와의 연관성도 함께 고려해 보는 시간입니다.

"문법 속으로"는 위 라틴어 문장과 관련된 문법 사항을 정리하고 학습해 볼 기회입니다.

이 책을 통해 여러분들의 삶의 의미를 풍성하게 할 갓생의 시간, 의미로 가득한 창조적 순간들이 찾아오길 기원합니다.

2023년 가을
저자 배태진 드림

추천사

라틴어 교재가 이처럼 친절하고, 쉽고, 재미있는 것을 본 적이 없습니다. 라틴어 명언에 지혜와 통찰을 통해 어려운 고전어를 익히도록 안내하는 교육법이 참 흥미롭습니다. 얼핏 어학 교재이기보다는 고전 탐구로 보이기까지 합니다. 각 장의 첫 부분만을 보아도 이미 많은 유익을 취할 수 있습니다. 저자는 삶의 지혜가 담긴 명언을 자상하게 해설하고, 이어서 문장 구조와 문법 해설로 나갑니다. 고전어 학습을 힘들어하는 학생들을 향한 애정을 가지고 라틴어를 흥미롭게 가르칠 방법을 찾기 위해 애쓴 열매입니다. 이렇게 재미있게 고전어를 공부할 수 있는 책이 나와 반갑습니다. 라틴어를 배우고자 하는 모든 이들에게 소중한 선물이 될 것을 확신합니다.

신국원 총신대 신학과 명예교수, 웨스트민스터신학대학원대학교 초빙교수

라틴어 종합선물 세트라고 할까, 성경(불가타)과 고전 라틴어 구문들부터 해리 포터와 삼성전자 광고까지 망라했습니다. 배태진 선생님의 『갓생 라틴어』는 우리 삶에 이미 깊숙이 들어와 있는 라틴어 어휘들을 개인적인 체험들로 감싸 안아 공감대를 형성합니다. 그러면서 삶의 지혜를 설파하는 에세이에 머물기를 거부합니다. 이 책은 본격 라틴어 문법책이기도 합니다.

배태진 선생님처럼 여러 외국어를 공부하다 보면 깨닫게 되는 것이 있습니다. 그 언어들이 서로 연결되어 있다는 것입니다. 영어를 배울 때도 라틴어를 아느냐 모르냐에 따라 크

게 차이가 납니다. 영어의 고급 단계와 전문 영역으로 갈수록 라틴어의 영향이 점점 짙어집니다. 라틴어의 어휘와 문법을 알면 영어나 독일어, 프랑스어, 스페인어, 이탈리어 같은 현대어들에 대한 이해가 깊어집니다. 『갓생 라틴어』를 배태진 선생님의 『혼자서도 공부할 수 있는 라틴어 문법』과 함께 공부하면 라틴어만이 아니라 영어 등의 다른 언어도 함께 배우게 되는 셈입니다. 단순 암기가 아니라 이해의 연결고리가 생기게 됩니다.

송민원 더바이블 프로젝트 대표, 시카고대학교 고대근동학과

숨 가쁘게 변하는 세상이다. 너도 나도 앞만 보고 달려간다. 그런데 그 끝자락인 저 앞에는 무엇이 있는가? 이리도 숨 가쁘게 달려서 우리는 어디로 가는가?

그 답이 폴 고갱의 대작 *D'où Venons Nous? Que Sommes Nous? Où Allons Nous?*(《우리는 어디에서 왔는가? 우리는 무엇인가? 우리는 어디로 가는가?》)이 던지는 질문 속에 있는지도 모른다. 우리가 가는 곳, 아니 나아가야 할 곳을 알기 위해서는 스스로에게 누구인지 물어야 한다. 지금의 우리를 알고자 한다면 우리가 어디에서 왔는지를 되새겨야 한다.

그래서 여전히 우리는 고전을, 또 고전어를 놓을 수 없다. 고전은 인류의 지혜가 파묻힌 광산이다. 그 지혜를 곱씹어 나를 만드는 삶이 곧 갓생이다. 당신의 언어가 어제를 담아 한 뼘 늘어나면 당신의 생각이 내일을 향해 두 뼘 확장된다. 그 웅숭깊은 생각으로 나를 빚는 삶이 곧 갓생이다. 정말이냐고? 여전히 그러하냐고? 그 증거가 여기 있다. Tolle lege!(집어서 읽어 보라!)

구교선 전북대 윤리교육과 교수, 정암학당 연구원

고전은 마치 슈퍼노바와 같다. 슈퍼노바의 폭발은 그 잔해를 멀리까지 전해 주어서 새로운 가능성을 꽃피우는 자양분이 된다. 라틴어로 된 고전 역시 놀랍게도 21세기 한국인의 정신 속에 살아 숨 쉬고 있다. 해리 포터의 마법 주문, 신제품의 이름, 심지어 타투로 새기는 문구까지, 라틴어는 우리 곁에 있다. 또한 인간과 인생에 관한 고전의 심오한 통찰과 풍부한 어휘는 인생관과 가치관에 영향을 준다는 점에서 우리 안에 있다. 하지만 유명한 라틴어 문구를 어떻게 읽어야 하는지, 그 문법적인 이치가 무엇인지 알기는 쉽지 않다. 배태진 선생의 『갓생 라틴어』는 이런 앎의 욕구를 충족시켜 준다. 세 아이의 아버지이기도 한 저자는 자녀에게 친절히 이야기해 주듯, 라틴어 명문들의 문법적 구조와 인문학적 메시지를 설명해 준다. 이 책을 읽고 나는 "탄툼 비데무스 쿠안툼 스키무스(우리는 아는 만큼 봅니다)"라고 읊조렸다. 내 정신에 이미 새겨진 무늬 하나를 처음으로 소리 내어 이름 불러 보는 체험이 무척 근사했다.

김남호 울산대 철학상담학 교수, 『신경과학 시대에 인간을 다시 묻다』 저자

• 목차 •

1. 학습자를 위해 모든 라틴어 단어에 한국어 발음을 기재했습니다.
- 고전 라틴어 발음을 기본으로 하여 모든 발음을 눈에 보이는 철자 소리 대로 적었습니다.
- v는 "브"로, 이중 모음 ae는 "아이"로 발음 표기를 통일했습니다.
- 관련된 세부 내용은 『혼자서도 공부할 수 있는 라틴어 문법』 일러두기 1 강을 참조하세요.

2. 모든 문장에 대한 번역은 특별한 역본에 대한 언급이 없을 시 저자 개인 의 사역입니다.
- 학습하는 30개 주요 문장뿐만 아니라 본문 도중 인용되는 모든 문장에 서도 마찬가지입니다.

3. 문법 공부는 『혼자서도 공부할 수 있는 라틴어 문법』을 함께 참조하도록 만들어졌습니다.
- 『갓생 라틴어』는 라틴어를 비롯한 다양한 언어 공부를 시작하는 계기가 될 수 있습니다.

※ 본문 내 수록된 문장들은 키케로, 세네카, 테렌티우스, 푸블릴리우스 시루스, 베르길리우스, 호라티우스, 아풀레이우스, 유베날리스, 아우구스티누스 및 출처 미상의 유명 라틴 명구와 격언들로 이루어져 있습니다. 성구는 학습할 30문장 중 삼분의 일 정도 분량을 차지합니다.

1부

사랑하며
살기 위해

1강

필요는 필요한 자를 위해

Non est opus valentibus medico sed male habentibus.

건강한 사람이 아닌 병든 사람에게 의사가 필요합니다

(마태복음 9:12).

여기 두 부류 사람이 있다.

허울만 근사한 필요들을 소유하고도 만족한 자들,

그리고 소유하지 못한 필요들 때문에 구석구석 허전함을 느끼는 자들.

"건강한 사람이 아닌 병든 사람에게 의사가 필요하다."

이 말을 한 화자인 예수는 자기를 필요로 하는 이들에게 가서 충분하고도 헌신적인 필요

를 베푼다.

좋아 보이는 것은 여기저기 널려 있는 오늘.

그리고 눈앞의 필요들에만 시선을 두고 있는 이들.

타인보다 먼저 차지한 필요들을 내세우는 비교우위.

우리가 살면서 참으로 추구해야 할 필요는 무엇일까?

인스턴트와 같은 필요는 많다. 삶을 위한 필요는 적다.

예수의 삶을 보면 새삼 생각해 보게 될 것이다. 추구할 만한 필요를.

함께 실천해야 할, 사람을 위한 사랑의 필요를.

> Non est opus / valentibus medico / sed male habentibus.
>
> (논 에스트 오푸스/ 발렌티부스 메디코 / 세드 말레 하벤티부스).
>
> 건강한 사람이 아닌 병든 사람에게 의사가 필요합니다(마태복음 9:12).

라틴어 Non(논)은 영어의 not(아니다)입니다.

opus(오푸스)는 "일"이나 "노동" 또는 (그것들의 결과인) "업적"이나 "저작"을 뜻하는 라틴어 명사입니다. 그런데 이것을 라틴어의 be동사인 est(에스트)와 함께 쓰면 "~이 필요하다"는 관용구가 됩니다.* Non est opus(논 에스트 오푸스)는 "~이 필요하지 않다"입니다.

이어서는 무엇이 필요하지 않다는 것인지 확인해 봅니다.

> * est는 be동사입니다. 영어 be동사 am, are, is를 떠올리면 됩니다. 라틴어나 영어나 be동사의 기능은 유사합니다. be동사는 3과부터 좀 더 알아보도록 합니다.

> ※ **opus est 관용구 암기 팁**
>
> 일(opus)이 되려면(est) "~이 필요하다."

라틴어 vale는 "강하다", "건강하다"를 뜻합니다.** valentibus(발렌티부스)는 "강하

> ** vale는 건강히 잘 있으라는 차원에서 "잘 가"라는 인사말로도 씁니다. 또한 영어의 bye(바이)에 해당하는 것이 vale(발레)라면 영어 hi(하이)에 해당하는 것은 salve(안녕)입니다. 여러 사람에게 인사할 때는 뒤에 −te(테)만 덧붙여 salvete(살베테)로, 헤어질 때는 valete(발레테)라고 합니다. 즉, "여러분 안녕하세요?(salvete)" 또는 "여러분 안녕히 가세요(valete)"입니다.

다"/"건강하다"를 뜻하는 vale(발레)를 변형시켜서 얻은 단어입니다. 이에 대한 해석은 "강한 이들에게" 또는 "건강한 이들에게"입니다.

라틴어 vale와 관련된 영어 표현*

1) valid "유효한" (힘/건강이 계속 강함)

2) prevail "우세하다" (힘/건강이 보다 앞섬)

※ pre(~에 앞서, 이전에)가 들어간 다른 표현 :

    preface(서문, 머리말)

= 정면(face)으로 책 내용에 들어가기 전에(pre) 나오는 것

* cf. 영어뿐 아닌 이탈리아어와 스페인어에서도 라틴어 vale와의 연관성이 쉽게 확인됩니다. 가령 영어의 valid, prevail에 대응하는 이탈리아어는 valido, prevalere, 스페인어는 válido, prevalecer입니다.

라틴어는 한국어에서 조사(~가, ~의, ~에게, ~를, ~와 함께)의 역할을 하는 "격"(주격, 속격, 여격, 목적격, 탈격)이 정교하게 발달한 언어입니다. 단어의 꼬리(어미)를 "~ibus"로 하면 "~들에게"가 됩니다. 라틴어 격을 이해하는 것은 라틴어 문장을 해석할 때 정확성을 높여 줍니다. 한편 라틴어에는 격의 발달로 문장 해석이 용이한 만큼 뜻만 통한다면 단어들을 생략하는 경우도 많습니다.

바로 뒤에 medico(메디코)는 영어 단어 medicine(의술/약)이 떠오르는 말로 "의사"입니다. 오늘날 이탈리아어와 스페인어에서도 medico(médico)는 "의사"를 뜻하는 말로 쓰입니다.

"valentibus(건강한 자들에게는) medico(의사가) Non est opus(필요하지 않다)"입니다.

sed(세드)는 "그러나(but)"를 뜻해서, 이어지는 내용은 반대 상황이 될 것임을 말해 줍니다. 즉, 건강한 사람에게는 의사가 필요하지 않는데 또 다른 유형의 사람들에게는 필요할 것이라는 말입니다.

male(말레)는 "나쁜 (것)"을 뜻합니다. "말라리아"(malaria)라는 병(나쁜 것)을 떠올려보면 쉽게 기억할 수 있습니다. 또한 영어 단어 malice(악의), maladapt(악용하다[나쁘게 적용하다]) 등을 생각해 보는 것도 좋습니다. 스페인어와 프랑스어에서는 mal 자체로 "나쁜"(bad)이나 "잘못하는"(wrong)을 뜻하는 말로 쓰이며, 이탈리아어의 경우 이를 male로 표현합니다.

habentibus(하벤티부스)는 "~을 가진(have) 사람들에게"를 뜻합니다. 여기서 valentibus와 habentibus의 단어 꼬리(어미) 부분이 "ibus(이부스)"로 같습니다. 이 표현에서도 어미(−ibus)가 한국어 조사(~들에게)의 기능을 합니다.*

* 어미로 한국어 조사를 나타내는 라틴어 단어로는 명사, 형용사, 대명사, 분사가 있습니다. 한편 동사의 어미는 (해당 동작을 하는) 주어의 인칭을 나타냅니다. 동사는 6과부터 배울 것입니다.

모두 정리하면 "Non est opus(필요하지 않다) valentibus(건강한 자에게는) medico(의사가) sed(그러나) male(나쁜 것) habentibus(가진 이들에게는)"가 됩니다. 의사라는 말과 함께 쓴 맥락을 고려해 "나쁜 것"은 "병"으로 바꾸고, 마지막에 생략이 들어간 부분을 채워 주도록 합니다. 즉, "건강한 이들에게는 의사가 필요하지 않지만, 병을 가진 이(병든 이)들에게는 의사가 (필요하다)"라고 하면 됩니다.

Non est opus valentibus medico sed male habentibus.
건강한 사람이 아닌 병든 사람에게 의사가 필요합니다.

Non est opus valentibus medico sed male habentibus.

(논 에스트 오푸스 발렌티부스 메디코 세드 말레 하벤티부스).

아니다. be동사. 필요하다. 건강한 자들에게. 의사. 그러나. 나쁜 것(병). 가진 자들에게.

핵심 point

라틴어 단어의 어미를 바꿔서 "격"(한국어로는 조사의 역할)을 표현할 수 있다.

—『혼자서도 공부할 수 있는 라틴어 문법』2강 pp. 38~41 설명 참고.

1) Non=not

2) Opus est A B = A에게 B가 필요하다.

3) Sed=but.

4) 생략된 부분 확인

Non / est opus / valentibus / medico

sed / (est opus) / male habentibus / (medico)

5) 다음 과부터 본격적으로 라틴어 명사의 격에 대해서 살필 것입니다.

이에 앞서 먼저 각각의 "격"이 갖는 뜻을 생각하며 따라 써 봅니다.

격	뜻	격	뜻	격	뜻
주격	~가/이				
속격	~의				
여격	~에게				
목적격	~를				
탈격	~와 함께 *				

* 탈격은 다양한 표현이 가능한
격입니다만, 연습을 위해 본 책
에서는 영어 with의 용법으로
통일합니다.

2강

화에 관하여

Ira viri iustitiam Dei non operatur.

사람의 분노로는 신의 정의를 이룰 수 없습니다

(야고보서 1:20).

연년생 아들 둘을 키우다 보면 감정이 격해질 때가 있다. 이때 다시 기억해야 하는 것은 "난 아빠, 쟤넨 아들"이라는 것이다. 인내가 쉽지만은 않다. 그렇지만 도움은 된다. 인내를 가능하게 하는 것은 육아의 '의미'이다. 그 의미란 무엇일까? 사랑이다. 사랑이 인내의 동력이 되어 준다. 인내가 육아의 미덕이라면 그 본령은 사랑이다.

고대와 중세를 연결하는 서방의 교부(教父) 아우구스티누스는 말했다. "사랑하십시오. 그리고 당신이 하고 싶은 대로 행하십시오"(Dilige et fac quod vis). 모든 '행함'의 의미를 '사랑'에 두라는 것이다. 화가 날 때 기억해 볼 말이다. "의미는 사랑."

시리아 출신의 로마의 시인이자 작가였던 푸블릴리우스 시루스는 말했다. "영혼은 포기가 아닌 결심으로 사랑을 선택합니다"(Amor animi arbitrio sumitur non ponitur).

사랑은 육아할 때 결단해야 할 과정의 연속이다. 제대로 침착하게 훈계해야 하는 '의미'는 이 사랑에 있다.

그러므로 곧 세 아들의 아빠가 되는 내가 반복해서 읊조릴 말은 이것이다. '이것이 화를 낼 만한 일이었나, 화를 낸 게 도움이 되었나, 그 화의 의미는 무엇이었나, 사랑이 맞았나?'

Ira viri / iustitiam Dei /non operatur.
(이라 비리/ 유스티티암 데이 /논 오페라투르)
사람의 분노로는 하나님의 정의를 이룰 수 없습니다(야고보서 1:20).

라틴어 명사 Ira(이라)는 주격 형태(~는)로 쓰여 "분노는"을 뜻합니다. 형태가 유사한 영어 단어로 irate(분노한/격분한)를 떠올려 볼 수 있습니다. 오늘날 스페인어와 이탈리아어에서도 ira는 "분노"를 뜻합니다. 이 문장에서 다루어질 주제는 바로 '분노'에 대한 것입니다.

viri(비리)는 "사람"을 뜻하는 라틴어 단어 vir(비르)에 어미 "i"(이)를 붙여 만든 속격 형태(~의)로 "사람의"를 뜻합니다. 우리에게 소유격으로 익숙한 말인 "속"격은 "~에 속해 있다"는 말로 연상하면 이해하는 데 도움이 됩니다. 명사와 명사 간의 "소유"를 포괄한 모든 수식 관계를 설명해 줄 수 있는 라틴어 격의 용법입니다.

"Ira viri"(이라 비리)는 "사람의 분노는"입니다.

iustitiam(유스티티암)이라는 단어를 봅니다. 라틴어에서 i는 i뿐만 아니라 j의 역할까지 합니다. iust-부분은 just-로 볼 수도 있습니다. 관련된 영어 단어로는 justice(정의)가 떠오릅니다. 이를 스페인어로는 justicia, 프랑스어로는 justice로 적습니다. 라틴어 단어 iustitia의 뜻도 "정의"입니다.

iustitiam은 어미가 -am입니다. 라틴어 명사에서 -am은 목적격을 나타냅니다. 라틴어 단어 iustitia(정의)의 꼬리를 −am으로 바꾸어 주면 "정의를"이 됩니다. 한국어에서 목적어를 만들 때 단어에 "~을/를" 붙이듯이 말입니다.

바로 뒤에 Dei(데이)는 "신의"/"하나님의"를 뜻합니다. viri와 마찬가지로 단어 꼬리가 i입니다. 그래서 "속격"(~의)의 뜻을 갖습니다. iustitiam Dei는 "하나님의 정의를"이라는 뜻입니다.

operatur(오페라투르)는 어떤 동작이나 작업 등이 제대로 수행되고 있음을 보여 줍니다. 영어 단어로는 operate(작동하다)를 떠올리면 됩니다. 관련된 유럽어들로는 스페인어의 operar, 프랑스어의 opérer, 이탈리아어의 operare, 독일어의 operieren, 네덜란드어의 opereren가 있습니다. 라틴어 형태가 오늘날 유럽어들과 얼마나 많이 관련되어 있는지 느껴지나요?

그리고 부정어인 Non과 함께 쓰인 라틴어 문구 "non operatur"는 어떤 일이 잘 이루어지지 않고 있음을 나타냅니다. 즉, 사람의 분노는(Ira viri) 하나님의 정의를(iustitiam Dei) 제대로 이루어내지 못하는 일(non operatur)입니다.

문법 속으로

Ira viri iustitiam Dei non operatur.
(이라 비리 유스티티암 데이 논 오페라투르)
분노는. 사람의. 정의를. 하나님의. 못한다. 이루어낸다.

핵심 point

라틴어 1변화 명사(단수)의 어미 변화를 알 수 있다.

－『혼자서도 공부할 수 있는 라틴어 문법』2강 pp. 41~45 설명 참고.

1) ira 분노는(주격) – 1변화 명사

2) viri 사람의(속격) cf. 2변화 명사 공부 때 학습

3) Dei 신의(속격) cf. 2변화 명사

4) iustitiam 정의를(목적격) – 1변화 명사

5) 1변화 명사 단수의 어미 변화 "a(아)−ae(아이)−ae(아이)−am(암)−a(아)"

a	주격		주격		주격
ae	속격		속격		속격
ae	여격		여격		여격
am	목적격		목적격		목적격
a	탈격		탈격		탈격

6) 1변화 명사 "ira 분노"(단수)

ira	분노는	ira		ira	
irae	분노의				
irae	분노에게				
iram	분노를				
ira	분노를 가지고				

7) 1변화 명사 "iustitia 정의"(단수)

iustitia	정의가	iustitia		iustitia	
iustitiae	정의의				
iustitiae	정의에게				
iustitiam	정의를				
iustitia	정의를 가지고				

3강

분노가 사랑을 속일지라도

Amantium irae amoris integratio est.

사랑하는 이들의 화는 사랑을 갱신합니다

(테렌티우스, *Andria*, 555행).

세상의 많은 부부들이 사랑하면서도 많이 다툽니다. 사랑하면서 다투고, 다투면서도 사랑합니다. 부부에게 사랑은 다툼을 회복시켜 주기도 하지만, 다툼이 사랑을 회복하는 계기를 마련해 주기도 합니다. 서로를 향한 복잡한 감정은 사랑하기 어렵게 할 때도 있지만, 사랑의 이유가 되기도 합니다.

어떤 이가 나와 아무리 가까운 사이라고 해도, 그와 나는 온전히 동일할 수 없습니다. 그렇기 때문에 타인은 조금씩 다시 알아가야만 하는, 끊임없이 낯선 존재입니다. 그러므로 우리는 다툼을 통해 서로가 서로를 키워 갑니다. 인간이란 무엇인지도 알아 갑니다. 문제와 부족함을 깨달아 가면서 서로에게 가장 소중해집니다.

우리가 만약 사랑하지 않았다면 그리 마음을 쓰는 일도 없었을 것입니다. 그러나 사랑하기에 때로는 속이 상하고 마음이 상하기도 했습니다. 이 모두가 사랑해서 일어난 일인 것입니다.

사랑은 폭풍우로, 그리고 따사로움으로 나날이 무르익어가려나 봅니다.

> **Amantium irae / amoris integratio est.**
> (아만티움 이라이 / 아모리스 인테그라티오 에스트)
> 사랑하는 이들의 화는 사랑을 갱신합니다(테렌티우스, *Andria*, 555행).

카르타고 출신의 로마 시인 테렌티우스의 문장입니다.

Amantium(아만티움)은 "사랑하는 이들/연인들의"(복수 속격 형태)를 뜻합니다. 처음 라틴어를 배울 때 등장하는 amo/ama-로 시작하는 것들은 "사랑"과 관련된 뜻일 것입니다.*

> * 관련해서 영어 단어 love(사랑)을 뜻하는 스페인어는 amor, 이탈리아어는 amore, 프랑스어는 amour입니다.

그리고 "irae"(이라이)는 "ira"(화는)의 복수 주격 형태(~들이)로 "화들이"입니다. 여러 사람이 내는 화를 뜻합니다. Amantium irae(아만티움 이라이)는 "사랑하는 이들의 화는"입니다.

amoris(아모리스)는 앞서 언급한 대로 amo-로 시작하는 단어입니다. "사랑"을 뜻하는 명사의 속격 형태입니다. 이 단어의 원형은 amor(아모르)로서, 김연자의 "amor fati"(아모르 파티)에 나오는 바로 그 amor입니다. 이 노래는 프리드리히 니체의 자기 '운명'(fati)을 사랑하라는 정신을 바탕으로 합니다. 여기서 <u>fati</u>는 영어 단어 <u>fate</u>(운명)의 뜻과 같습니다. 즉, amor fati는 '운명을 사랑하라'입니다. 저는 학생들에게 라틴어를 가르치면서, 니체와 라틴어를 모르는 아이들에게 가사 속 fati는 영어 단어 party(파티)로 당연하듯 이해되고 있음을 알게 되었습니다. "파티하듯 살라는 뜻인 줄 알았어요." 그 당시 학생들이 한 목소리로 제게 했던 말입니다.

integratio(인테그라티오)는 영어 단어 integration(통합)을 떠올리게 합니다. 이 영어 단어는 완전한 하나 됨(동화 됨)을 향한 움직임을 반영하며, 같은 뜻과 철자를 독일어(integration)와 프랑스어(intégration)에서도 공유합니다(발음은 다릅니다).*

한편 라틴어 integratio는 "통합"이라는 뜻도 가지고 있는데, (통합을 위해 먼저 이루어져야 할 과정인) "갱신"이나 "회복" 또는 "복구"라는 뜻이 우선됩니다. amoris integratio(아모리스 인테그라티오)는 "사랑의 갱신", 즉 "사랑을 갱신함"입니다.

마지막 단어인 est(에스트)는 be동사입니다. be동사는 대개 "~이다" 또는 "~에 있다" 두 가지 방식으로 쓰입니다. 영어 be동사가 "I am a student"(나는 학생이다)나 "I am at home"(나는 집에 있다)의 쓰임이 모두 가능하듯, 라틴어 be동사도 영어처럼 두 가지 방식으로 모두 기능합니다. 여기서는 전자의 의미로 사용됩니다. 즉, "사랑하는 이들의 화는 사랑을 갱신하는 것이다"입니다.**

* 영어나 프랑스어에서 integration는 수학 용어 "적분"(적분함)을 가리키는 말로도 씁니다.
참고로 적분이란, 미분되어 나뉜 값(나눌 분[分])을 다시 쌓아(쌓을 적[積]) 그 누적시킨 결과를 찾는 연산 과정을 뜻합니다.

** est가 "~이다"로 쓰인 또 다른 유명한 라틴어 표현으로 "아는 것이 힘이다"는 말이 있습니다. 즉, "Scientia est potentia"(스키엔티아 에스트 포텐티아/Knowledge is power)입니다.

Amantium irae amoris integratio est.

(아만티움 이라이 아모리스 인테그라티오 에스트)

사랑하는 이들. 화들. 사랑. 갱신. be동사.

핵심 point

라틴어 1변화 명사(복수)의 어미 변화를 알 수 있다.

―『혼자서도 공부할 수 있는 라틴어 문법』3강 pp. 50~54 설명 참고.

1) irae 화들이(복수 주격) ― 1변화 명사

2) amoris 사랑의(속격)   cf. 3변화 명사

3) est 라틴어 be동사(~이다, ~에 있다)

4) 1변화 명사 복수의 어미 변화 "ae(아이)-arum(아룸)-is(이스)-as(아스)-is(이스)"

ae	주격		주격		주격
arum	속격		속격		속격
is	여격		여격		여격
as	목적격		목적격		목적격
is	탈격		탈격		탈격

5) 1변화 명사 "irae 분노들/화들"(복수)

irae	분노들이	irae		irae	
irarum	분노들의				
iris	분노들에게				
iras	분노들을				
iris	분노들을 가지고				

4강

백발의 면류관

Corona dignitatis canities,

quae in viis iustitiae reperietur.

품위 있는 면류관인 백발은 정의의 길에서 얻게 됩니다

(잠언 16:31).

예전에는 경험과 지식의 퇴적이 나이와 비례된다고 생각해 왔습니다. 나이 듦이라는 조건만 가지고도 어떤 이의 지혜의 깊이를 유추해 보기도 했었죠. 그런데 지금 우리 주변에는 책이 넘쳐납니다. 인터넷 검색 한 번으로 수많은 정보를 얻을 수 있습니다. 이 세상은 더 빨리, 수시로 바뀌고 있습니다.

'밥 한 끼를 시켜 먹으려고 해도 사람 대신 낯선 기계들이 가득 한 요즘 세상에서, 삶은 오랠수록 낯섦이 아닌가? 서운해 마라, 마음아. 굳지 마라, 내 몸아.'

세상에 이런 변화가 시작된 것은 극히 얼마 전부터입니다. 정보는 기술과 도구를 쓸 줄 아는 젊은이들의 것으로 보입니다. 그럼에도 불구하고 노년이 가진 덕과 가치를 떠올리게 하는 이들이 있습니다. 그들을 생각하며 이 글을 씁니다.

'어쩌면 노년은 삶을 살기 가장 좋은 때라네. 삶으로 터득한 세상을 대하는 관점의 성숙함도 생기고, 자기 본연의 모습에 집중할 마음과 생각의 여유도 있지. 게다가 그렇게 의미를 추구하며 새 삶을 시작할 수 있으니까 말이야. 무엇보다 분명한 노년의 덕 중 하나는 그 안에 삶을 살아낸 흔적들이 있다는 거야. 정의로운 삶을 살아낸 노년은 백발조차 영예이지. 머리의 희어짐도 삶의 증거이고 삶의 증명이라네.'

세월은 흐르고 날아가는 것이라고 합니다. 시간의 지나감을 막을 수 있는 아무개는 없습니다. 그리고 노년은 인간이 맞이할 보편적인 삶의 단계입니다.

위 라틴 문구가 말해 주듯, 정의로운 삶은 머리가 하얗게 된 모습을 빛나 보이게 합니다. 정의의 길에서 얻은 백발은 품위의 면류관이기 때문입니다.

'정의로운 삶을 산 자에게 백발은 품위요 왕관이다. 그와 같은 백발을 쓸 날이 내게는 올 수 있을지.'

> Corona dignitatis canities, / quae in viis iustitiae reperietur.
> (코로나 디그니타티스 카니티에스 / 쿠아이 인 비이스 유스티티아이 레페리에투르)
> 품위 있는 면류관인 백발은 정의의 길에서 얻게 됩니다(잠언 16:31).

라틴어 단어 Corona(코로나)는 "왕관"이나 "면류관" 또는 "화환"으로 옮겨지는 말입니다. 2019년도 말, 세상을 강타한 전염병인 "코로나-19"는 그 바이러스의 입자 모양이 "왕관"과 같아서 붙은 이름입니다.[*] 그리고 고대 사회에서 이 Corona는 주로 어떤 사람에게 공로나 자격이 있음을 인정하고 기리기 위해 수여되는 것(면류관)이었습니다.

이어서 나온 단어인 dignitatis(디그니타티스)는 영어 단어 dignity(디그니티)가 떠오르는 말입니다.[**] 이 라틴어 단어는 "품위"나 "위엄" 또는 (존경받을) 가치가 있음"으로 번역될 수 있습니다. 여기서는 속격(~의)으로 쓰여 "품위의"가 "면류관"을 수식해 주는 말이 됩니다. 따라서 Corona dignitatis는 "품위의 면류관", 즉 "품위 있는 면류관"입니다.

canities(카니티에스)는 "백발"을 가리키며 그 모습을 흔히 가지고 있는 대상인 "노인"(senex)을 내신하는 말로도 씁니다.[***] 영어 단어에서는 똑같은 철자를 가지고 백모증(白毛

[*] 오늘도 이탈리아어와 스페인어에서도 corona는 "왕관"을 뜻합니다.

[**] 이탈리아어로는 dignità, 스페인어로는 dignidad, 프랑스어로는 dignité입니다.

[***] 영어에서도 gray hair는 흰 머리뿐 아니라 노인이나 노년층을 가리키는 것으로 쓰일 때가 있습니다. 이런 언어적 현상을 긴밀한 연관성이 있는 유사 낱말로 뜻을 확장해서 말하는 환유법(換喻法, Metonomy)이라 합니다.

症)을 가리키는 의학 용어로 씁니다.

관련해서 흥미로운 점은 한자권인 우리는 희어진 머리카락을 백발(白髮)의 "(흰)백"(白)과 같이 "하얀 색"으로 일컫는 것이 익숙한 반면, 영어권에서는 이를 "gray(회색) hair"로 지칭한다는 것입니다. 영어와 함께 게르만어족 언어에 속한 독일어만 봐도 백발을 "graues(회색) Haar"이라 합니다. 반면 또 다른 한자권 국가들의 경우 중국어에서는 白发(báifà)이고, 일본어에서는 白髮(しらが)로서 한국어처럼 gray(회색)가 아닌 白(흰색)으로 백발을 표현하고 있습니다.

이처럼 여러 언어를 함께 공부하는 것은 인간의 다양한 관점과 그것을 표현해 내는 방식의 차이를 드러내고, '그들은 그렇게도 볼 수 있겠구나'라고 생각하게 합니다. 돼지 소리를 "꿀꿀"이 아닌 "오잉크"(oink)로, 소의 울음을 "음메"가 아닌 "무"(moo)로, 고양이의 소리를 "야옹"이 아닌 "뮤"(meow)로 들을 수도 있는 것처럼 말입니다(이는 모두 영어식 동물 울음소리입니다). 언어가 다양하듯 사람의 사물에 대한 접근 방식도 다채로울 수 있습니다.

quae(쿠아이)는 관계대명사입니다. 바로 앞에 있는 백발(canities)이라는 단어를 뒤의 문장과 연결해 주는 기능을 합니다.[*] 여기서 quae는 일단 "그 백발은" 정도로 해석하도록 합니다.

> [*] 관계대명사는 다음과 같이 간단히 생각해두면 도움이 됩니다. "문장을 관계시키고 대신 써주는 명사"

in(인)은 영어 in과 같이 "~안에서/~에"를 뜻합니다. in과 같은 라틴어 전치사는 뒤에 탈격이나 목적격과 함께 나옵니다.

바로 뒤에 나온 viis(비이스)는 "길"(way, road)을 뜻하는 라틴어 단어 via(비아)의 복수 탈격 형태입니다(이탈리아어와 스페인어 명사 via[vía]에도 "길"이라는 뜻이 있습니다).

in viis에 대한 해석은 "(이러저러한) 길들에서"로 합니다. 이제부터 in과 함께 쓰인 탈격은 "~안에서/~에(서)"로 옮겨 보도록 합니다.

그 길이 어떤 길들인지를 알려 주는 말이 iustitiae(유스티티아이)입니다. 앞서 배운 적이 있는 단어인 iustitia(유스티티아)의 속격 형태(-의)로 "정의의"입니다. "in viis iustitiae"는 "정의의 길들에서", 즉 "정의로운 길들에서"가 됩니다.

마지막 나온 단어 reperietur(레페리에투르)의 어미 -tur는 수동태를 가리킵니다. 능동태가 "~한다"라면 수동태는 "~된다"입니다. 여기서는 미래적인 의미도 있어서 "발견될 것이다" 또는 "얻게 될 것이다"를 뜻합니다. 즉, "quae in viis iustitiae reperietur"는 "그 백발은 정의로운 길에서 얻게 될 것이다"입니다.

배운 내용을 정리하면 "백발"(canities)은 "품위 있는 면류관"(corona dignitatis)인데, 이때의 "그 백발은"(quae)는 "정의의 길에서 얻게 되는 것"(in viis iustitiae reperietur)일 경우를 말합니다.

위 문장은 백발이 어떤 조건을 근거로 할 때 품위 있는 면류관이 되는지를 설명해 주는 식으로 구성되었습니다. 문장이 전해 주는 의도를 생각하면 이렇게 옮길 수 있을 것입니다. "정의의 길에서 얻게 되는 바로 그 백발이 품위 있는 면류관입니다." 좀 더 한국말에 가깝게 의역해 봅니다. "정의로운 삶을 산 자에게는 백발조차 품위 있는 면류관을 쓴 것과 같습니다."*

* 한국어에는 quae 같은 관계 대명사가 없습니다. 그렇기에 두 문장을 하나로 연결하는 그 뉘앙스를 살려 옮기면서도 원래 문장의 의도를 충분히 전달해 내는 것은 번역자의 어려움이 됩니다.

Corona dignitatis canities, / quae in viis iustitiae reperietur.

(코로나 디그니타티스 카니티에스 / 쿠아이 인 비이스 유스티티아이 레페리에투르)

면류관. 품위의. 백발. 관계대명사. ~에서. 길. 정의. 얻게 되는 것이다.

핵심 point

라틴어 1변화 명사(단수/복수)의 어미 변화를 알 수 있다.

-『혼자서도 공부할 수 있는 라틴어 문법』4강 p.52, 14강 p.231 설명 참고.

1) dignitatis 품위 있는(속격)   cf. 3변화 명사

2) quae 관계대명사   cf. 24과 [문법 속으로]에서 다룰 것입니다.

3) in + 탈격/목적격

4) viis 길들에서(복수 탈격) - 1변화 명사

5) -tur 수동태 어미

6) 1변화 명사(단수/복수)의 어미 변화

구분	어미 변화(단수)	발음	어미 변화(복수)	발음
주격	a	아	ae	아이
속격	ae	아이	arum	아룸
여격	ae	아이	is	이스
목적격	am	암	as	아스
탈격	a	아	is	이스

구분	어미 변화(단수)	발음	어미 변화(복수)	발음
주격	a			
속격				
여격				
목적격				
탈격				

구분	어미 변화(단수)	발음	어미 변화(복수)	발음
주격	a			
속격				
여격				
목적격				
탈격				

7) 1변화 명사 "Corona 면류관"

구분	Coron-(단수)	뜻	Coron-(복수)	뜻
주격	corona	면류관이	coronae	면류관들이
속격	coronae	면류관의	coronarum	면류관들의
여격	coronae	면류관에게	coronis	면류관들에게
목적격	coronam	면류관을	coronas	면류관들을
탈격	corona	면류관을 가지고	coronis	면류관들을 가지고

구분	Coron-(단수)	뜻	Coron-(복수)	뜻
주격	corona			
속격				
여격				
목적격				
탈격				

구분	Coron-(단수)	뜻	Coron-(복수)	뜻
주격	corona			
속격				
여격				
목적격				
탈격				

8) 1변화 명사 "via 길"

구분	Vi-(단수)	뜻	Vi-(복수)	뜻
주격	via	길이	viae	길들이
속격	viae	길의	viarum	길들의
여격	viae	길에게	viis	길들에게
목적격	viam	길을	vias	길들을
탈격	via	길에서	viis	길들에서

구분	Vi-(단수)	뜻	Vi-(복수)	뜻
주격	via			
속격				
여격				
목적격				
탈격				

구분	Vi-(단수)	뜻	Vi-(복수)	뜻
주격	via			
속격				
여격				
목적격				
탈격				

9) 1변화 명사 어미 변화 암기 팁

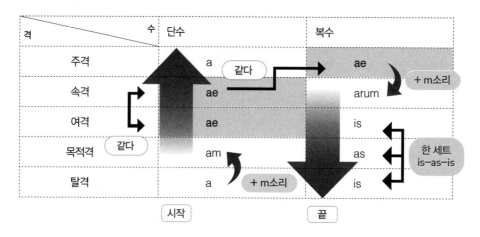

격 \ 수	단수	복수
주격	a	ae
속격	ae	arum
여격	ae	is
목적격	am	as
탈격	a	is

같다

같다

+ m소리

+ m소리

한 세트
is-as-is

시작

끝

5강

옷과 음식 그리고
공부보다 소중한 것

Anima enim plus est quam esca,

et corpus quam vestimentum.

생명이 음식보다 소중하고 몸이 옷보다 소중합니다

(누가복음 12:23).

코로나 시기에 살이 20kg이나 쪘던 이유는 외부 활동도 하지 않은 데다가, 음식을 좋아하지만 소식하는 아내와 함께 지냈기 때문이다. 아내는 이것저것 먹을 것을 꺼내 놓고는 하나둘씩 곁에 앉아 있던 내 입에 넣어 주곤 했다. 얼마 지나지 않아 그것은 내게 '살'과 '짐'이 되었다.

아무리 음식이 필요하다고 해도 과하면 더 소중한 생명에 해로울 것이기에, 이제 나는 음식을 준다고 다 받아먹지 않는다. 그리곤 8kg을 감량할 수 있었다.

음식과 생명의 관계와도 같은 것, 즉 '필요한 것'과 '더 소중한 것'의 관계는 옷과 몸에도 적용된다. 옷은 반드시 필요하다. 씻고 난 후 옷을 입지 않고 도망 다니다가 감기에 자주 걸리는 아들만 보아도, 은밀한 신체 부위를 가리기 위해서도, 때와 장소에 맞는 격식과 예의를 차리기 위해서도 옷은 필요하다.

반면 몸은 더 소중하다. 인간의 몸은 걸쳐진 옷보다 귀하며, 명품이 아무리 비싸고 좋다고 해도 몸은 살 수 없다. 우리가 갖추어 입음으로써 지켜야 할 대상도 몸이다.

삶의 '필요' 중 하나를 공부라고 한다면, '더 소중한 것'은 학생이다. '가능성 발견의 기회, 진로 결정의 수단, 성실을 훈련함, 삶의 기초를 터득함, 자기 계발과 인간관계 맺음의 일환…', 이 모든 것은 공부라는 필요가 가진 가치다. 문제는 줄 세우기 식 공부로 다수 학생의 자아존중감을 깎아내리는 것이다. 인간을 공부를 위한 기계로 만들고, 적절한 휴식을 취하지 못하게 하며, 강도 높은 스트레스를 일으키는 것도 큰 문제다.

그렇다고 해서 모두 공부를 관두라는 말은 아니다. 필요한 것이 있고 그 필요를 좇다가 더 소중한 것을 잃지 말아야 한다는 이야기다.

공부는 학생을 소중히 여길 방편이면 된다. 등수를 떠나 각자의 걸음을 배우게 하며, 그 과정의 즐거움을 느끼게 하면 된다.

인간이란 필요를 느끼고, 그것을 채워 나갈 욕망도 가진 존재이다. 그러나 이것들이 인간을 해치지는 못하게 해야겠다. 필요한 것과 더 소중한 것의 관계를 놓쳐서는 안 될 것이다. 이것을 잊어버린다면 언젠가 우리에게 반드시 후회하는 날이 찾아올 것이기에, 우리는 기억해야만 하겠다. 음식과 옷과 공부는 분명 필요하지만, 생명과 몸과 학생보다 소중하지는 않다.

Anima enim plus est / quam esca / et corpus quam vestimentum.
(아니마 에님 플루스 에스트 / 쿠암 에스카/ 에트 코르푸스 쿠암 베스티멘툼
생명이 음식보다 소중하고 몸이 옷보다 소중합니다(누가복음 12:23).

Anima(아니마)는 애니메이션(animation)이라는 단어를 떠올리게 해 줍니다.

애니메이션은 여러 장의 그림들을 빠르게 이어 붙여 그것들이 움직이듯(살아있듯) 보이게 만든 것입니다. 라틴어 단어 Anima는 "생명", "목숨", "영혼", "공기", "호흡"과 같이 다양하게 번역될 수 있습니다.

※ 라틴어 단어 Anima 암기 팁

애니메이션(animation)이란, 살아 있지 않은 것들에게 (정지된 것들에게)
→ **"생명"**을 주기 위해 (움직임을 주기 위해)
→ **"공기"**/**"호흡"**을 불어넣어서 (그림들을 빠르게 이어 붙여서)
→ 그것들이 **"목숨"**/**"영혼"**을 갖게 만든 것이다! (그것들이 움직이듯 만든 것이다!)

enim(에님)은 "참으로" 정도로 번역할 수 있습니다. 이 단어는 라틴어 문장 내에서 첫

번째 자리에 오지 않고 항상 두 번째 자리에 옵니다.[*]

라틴어 plus(플루스)는 영어 more(더 ~하다)의 뜻을, minus(미누스)는 영어 less(덜 ~하다)의 뜻을 갖습니다. 플러스(+)와 마이너스(−)가 연상되게 하는 단어들입니다.

plus는 이어지는 내용을 긍정하거나 그 중요성을 강조하기 위해 씁니다.

* 이 단어는 "참으로", "내 말은", "즉", "예컨대", "그래서" 등 다양하게 번역됩니다만, 약한 의미를 갖고 있으며 습관처럼 쓰이기도 합니다. 그렇기에 한국말로 매번 옮겨 오면 부자연스럽게 느껴지기도 합니다. 저는 이 책 안에 나오는 문장 중 다수에서 enim이라는 단어를 뺐으나, 위 문장의 경우 강조를 위한 본연의 뉘앙스를 살리기 위해 그대로 두었습니다.

est(에스트)는 be동사로 "~이다"입니다. Anima plus est는 "Anima가 plus이다", 즉 "Anima가 더 좋다/중요하다/소중하다"입니다.

이어지는 내용은 Anima가 무엇보다 더 소중하다는 것인지 확인시켜 줍니다. 이와 같이 A가 B보다 무엇보다 더 좋거나 나쁘다는 식으로 서로를 비교할 때 쓰는 라틴어 단어는 quam(쿠암)입니다. 라틴어 quam을 영어로 말하면 비교급 "than"(~보다)입니다.

esca(에스카)는 음식을 뜻하는 말이므로, Anima plus est(목숨이 소중하다)와 quam esca(음식보다)을 합하면 "목숨이 음식보다 소중하다"라는 말이 됩니다.

plus와 quam을 쓴 또 다른 라틴어 문장으로 "Plus ratio quam vis"(플루스 라티오 쿠암 비스)가 있습니다. "힘보다 이성이 강하다"라고 흔히 쓰는 말입니다.

※ "힘보다 이성이 강하다."

Plus ratio quam vis
플루스 라티오 쿠암 비스
좋다/강하다 이성이 ~보다 힘

※plus 뒤에 est가 생략되었다고 보아도 됩니다.

남은 부분은 "et corpus quam vestimentum"입니다. 먼저 et(에트)는 "그리고"(and)를 뜻합니다. 앞에 나온 내용과 et 뒤에 나오는 내용은 병렬이 되는데, 이미 공부한 부분을 기초로 해서 다음과 같이 이해할 수 있습니다.

※ Anima plus est quam esca, et corpus quam vestimentum.

Anima **plus est** *quam esca,*

생명. 소중하다. 음식보다.　⋯　Anima가 esca보다 소중하다

et corpus **plus est** *quam vestimentum*

　ㄴ, **(생략된 부분)** ⋯　Corpus가 vestimentum보다 소중하다

그리고. 몸. 소중하다. 옷보다.

et를 중심으로 앞뒤에 "Anima가 esca보다 소중하다" 그리고 "corpus가 vestimentum보다 소중하다"가 나오는 문장입니다. corpus는 "몸"을, vestimentum은 "옷"을 뜻합니다. 즉, "몸이 옷보다 소중하다"라는 의미입니다.

corpus와 관련된 영어 단어 corporal는 형용사로 쓰일 때 "몸의"/"신체의"를 뜻합니다.[*] 스페인어에서도 철자와 뜻이 동일하게 나타납니다(corporal). 이에 대응하는 프랑스어와 이탈리아어로는 각각 corporel, corporeo가 있습니다.

그리고 vestimentum(베스티멘툼)은 정장 안에 많이 입는 "조끼"(vest)를 떠올리게 해 줍니다.[**] 라틴어에서 vestimentum은 조끼에 한정되지 않고 "옷"을 통칭하는 말입니다. 관련해서 이탈리아어 vestito와 스페인어

[*] 이 영어 단어는 군대 계급 중 "상병"을 뜻하는 명사로도 씁니다.

[**] vest는 미국에서는 "조끼"를 뜻하지만 영국에서는 "속옷 상의"를 가리킵니다. 참고로 영국과 미국 모두에서 속옷 상의를 가리킬 때 쓰는 말은 undershirt(러닝셔츠)입니다. 한국인이 흔히 "메리야스"라고 부르는 것은 스페인어로 긴 양말/스타킹(medias)을 일컫는 말에서 가져온 것입니다.

vestido가 "옷"을 뜻합니다. 라틴어 단어 vestimentum에 대해서는 [문법 속으로]에서 다시 살펴보도록 하겠습니다.

Anima(생명이) enim plus est quam esca(음식보다 더 소중하다),

et(그리고) corpus(몸이) quam vestimentum(옷보다 [더 소중하다]).

문법 속으로

Anima enim plus est quam esca et corpus quam vestimentum.
(아니마 에님 플루스 에스트 쿠암 에스카 에트 코르푸스 쿠암 베스티멘툼
생명이. 참으로. 더 소중하다. ~보다. 음식. 그리고. 몸이. ~보다. 옷.

핵심 point

라틴어 2변화 명사 남/중성형 어미 변화를 알 수 있다.

- 『혼자서도 공부할 수 있는 라틴어 문법』 4강 pp. 60~68 설명 참고.

1) plus est 더 좋다/중요하다/소중하다

2) quam ~보다(비교급 than)

3) 2변화 명사 남성형(단수/복수) 어미 변화

구분	어미 변화(단수)	발음	어미 변화(복수)	발음
주격	us	우스	i	이
속격	i	이	orum	오룸
여격	o	오	is	이스
목적격	um	움	os	오스
탈격	o	오	is	이스

구분	어미 변화(단수)	발음	어미 변화(복수)	발음
주격	us			
속격				
여격				
목적격				
탈격				

구분	어미 변화(단수)	발음	어미 변화(복수)	발음
주격	us			
속격				
여격				
목적격				
탈격				

4) 2변화 명사 남성형 어미 변화 암기 팁

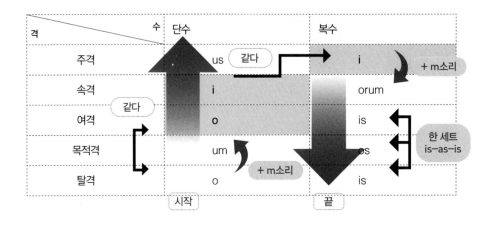

5) 2변화 명사 중성형(단수/복수) 어미 변화

구 분		남성형	중성형		구 분		남성형	중성형	
단수	주격	us	um	움	복수	주격	i	a	아
	속격	i	i	이		속격	orum	orum	오룸
	여격	o	o	오		여격	is	is	이스
	목적격	um	um	움		목적격	os	a	아
	탈격	o	o	오		탈격	is	is	이스
공통점		둘 다 2변화 명사이다.							

① 중성형 단어는 단수이든 복수이든, 주격과 목적격이 항상 같다.

② 중성형 단어의 복수 주격과 목적격은 a(아)이다.

6) 2변화 명사 "vestimentum 옷" (※ 중성형 단어임)

구분	Vestiment-(단수)	뜻	Vestiment-(복수)	뜻
주격	vestimentum	옷이	vestimenta	옷들이
속격	vestimenti	옷의	vestimentorum	옷들의
여격	vestimento	옷에게	vestimentis	옷들에게
목적격	vestimentum	옷을	vestimenta	옷들을
탈격	vestimento	옷을 가지고	vestimentis	옷들을 가지고

구분	Vestiment-(단수)	뜻	Vestiment-(복수)	뜻
주격	vestimentum			
속격				
여격				
목적격				
탈격				

구분	Vestiment-(단수)	뜻	Vestiment-(복수)	뜻
주격	vestimentum			
속격				
여격				
목적격				
탈격				

2부

자세히 보아야
좋다

6강

숙고 예찬가: 삶을 위한 숙고

Fama volat.

소문은 날아다닙니다

(베르길리우스, *Aeneid*, 8권, 554행).

숙고는 성실히 살피고 고려합니다.
숙고는 소문처럼 가볍지 않습니다.
숙고는 삶의 무게를 느끼게 합니다.

숙고는 사물의 목적을 가르쳐 줍니다.
숙고는 이웃의 가능성을 보여 줍니다.
숙고는 서로를 섬세히 돌보아 줍니다.

숙고는 힘든 만큼 보상이 분명합니다.
숙고는 신이 준 인간의 가능성입니다.
숙고는 실현되어야 할 아름다움입니다.

> Fama volat.
>
> (파마 볼라트)
>
> 소문은 날아다닙니다(베르길리우스, *Aeneid*, 8권, 554행).

북부 이탈리아 출신의 로마 시인 베르길리우스가 한 말입니다.

Fama(파마)는 "명성"이나 "소문"을 뜻하는 말입니다.[*]

영어 단어 fame(명성)이나 famous(유명한)를 떠올리면

> [*] 오늘날 스페인어와 이탈리아어에서도 fama를 "명성(fame)"이라는 뜻으로 씁니다.

쉽게 기억됩니다. 그리고 명성처럼 사람들 사이에서 퍼져 나가는 "소문"의 뜻도 가지고 있습니다.

여기서는 "소문"을 뜻하는 말로 쓰였습니다.

volat(볼라트)는 volo(나는 난다)의 변화 형태입니다.[**]

라틴어 명사의 어미가 "격"을 나타냈다면 라틴어 동

> [**] 관련해서 "난다"를 뜻하는 스페인어와 프랑스어 그리고 이탈리아어는 각각 "volar", "voler", "volare"입니다. 한편, 라틴어 volo는 "나는 원한다"라는 뜻을 갖는 (불규칙 변화) 동사로도 씁니다.

사의 어미는 행동하는 주어가 나인지 너인지 그/그녀/그것인지, 즉 "주어의 인칭"을 나타냅니다.

vola-t처럼 어미가 -t로 끝나면 주어가 3인칭(그/그녀/그것)을 뜻합니다. 3인칭은 나(1인칭)와 너(2인칭)를 제외한 모든 남성과 여성 및 사물을 포함하는 대상입니다. 이후로는 3인칭을 설명하기 위해 "그"로 지칭한 것들은 "그/그녀/그것"을 모두 포괄하는 것으로 이해해 주시기 바랍니다.

여기서는 "그것(소문)이 난다/날아다닌다"로 옮기면 됩니다.

Fama volat 소문이 날아다닙니다.

Fama volat.

(파마. 볼라트)

소문/명성. 날아다닙니다.

....

핵심 point

라틴어 동사의 어미 변화로 주어의 인칭을 표현할 수 있다.

— 『혼자서도 공부할 수 있는 라틴어 문법』5강 pp. 76~80 설명 참고.

1) Fama 소문이, 명성이(주격) – 1변화 명사

2) 동사의 어미 변화

어미 변화	암기	인칭*	뜻
+o	오	1인칭 단수	내가 ~ 한다.
+s	에스	2인칭 단수	네가 ~ 한다.
+t	티	3인칭 단수	그/그녀/그것이 ~ 한다.
+mus	무스	1인칭 복수	우리가 ~ 한다.
+tis	티스	2인칭 복수	너희가 ~ 한다.
+nt	엔티	3인칭 복수	그들/그녀들이/그것들이 ~ 한다.

* 이후로 표 안에서 "1인칭 단수"는 "1단"으로, "2인칭 단수"는 "2단"으로, "3인칭 단수"는 "3단"으로, "1인칭 복수"는 "1복"으로, "2인칭 복수"는 "2복"으로, "3인칭 복수"는 "3복"으로 줄여 씁니다.

어미 변화	암기	인칭	뜻
o		1인칭 단수	
		2인칭 단수	
		3인칭 단수	
		1인칭 복수	
		2인칭 복수	
		3인칭 복수	

어미 변화	암기	인칭	뜻
o		1인칭 단수	
		2인칭 단수	
		3인칭 단수	
		1인칭 복수	
		2인칭 복수	
		3인칭 복수	

3) 1변화 동사 "volo 날다"

구분	어간	어미변화	변화형태	발음	인칭	뜻
1변화동사	vola (볼라) 날다	-a+o	volo	볼로	1 단	나는 난다.
		+s	volas	볼라스	2 단	너는 난다.
		+t	volat	볼라트	3 단	그/그녀/그것은 난다.
		+mus	volamus	볼라무스	1 복	우리는 난다.
		+tis	volatis	볼라티스	2 복	너희는 난다.
		+nt	volant	볼란트	3 복	그들/그녀들/그것들은 난다.

구분	어간	어미변화	변화형태	발음	인칭	뜻
1변화동사	vola (볼라) 날다	-a+o				
		+s				
		+t				
		+mus				
		+tis				
		+nt				

구분	어간	어미변화	변화형태	발음	인칭	뜻
1변화동사	vola (볼라) 날다	-a+o				
		+s				
		+t				
		+mus				
		+tis				
		+nt				

7강

기다림의 때

Habet Deus suas horas et moras.

신께서는 그분 자신만의 시간과 기다림을 갖고 계십니다

(라틴 명구).

좋은 결과를 얻기 위해서는 할 수 있는 일과 할 수 없는 일이 있다.
전자는 인간을 좀 더 부지런하게 하는 것이고,
후자는 기다림만을 유일한 선택지로 삼는 것이다.
이 두 가지를 구별하는 것이 삶을 사는 지혜가 된다.

끊임없이 관심을 갖고 주의를 기울여야 하는 것은 무엇일까?
인간의 능력을 넘어섰기에 하늘의 뜻에 맡겨야 하는 것은 무엇일까?
한 템포 멈추어서 쉬었다가 가야 하는 순간도 있다.
이러한 기다림의 때에 인간에게 요구되는 것은 마음과 태도이다.

그때 신이 주는 메시지는 어떤 것이 있을까?
신이 허락한 때에 기쁨으로 확인할 인내의 열매,
그리고 혹여 실패할지라도 배움의 기회로 삼는 도전 정신.

Habet Deus / suas horas et moras.
하베트 데우스 / 수아스 호라스 에트 모라스
신께서는 그분 자신만의 시간과 기다림을 갖고 계십니다(라틴 명구).

정확한 출처가 알려져 있지는 않은 라틴어 명구입니다.

Habet(하베트)는 가장 빈번하게 나오는 라틴어 동사들 중 하나로 영어 단어 have(가지다)와 뜻이 같습니다. Habe-t는, 갖고 있는(habe) 것이 누구냐면(t) 그/그녀/그것(3인칭 주어)이라고 말해 줍니다.

위 문장에서는 무언가를 갖고 있는 주어가 신입니다. 라틴어 단어 Deus(데우스)는 신을 뜻합니다. 유사한 형태의 영어 단어 deity(신)를 떠올려 볼 수 있습니다.

Habet Deus는 "신께서는 갖고 계신다"입니다. horas(호라스)는 영어의 hour(시간)을 뜻합니다. hor-as는 복수 목적격 형태(as)로 "시간들을"입니다. 명사에서 -as는 "무엇무엇들을"을 뜻하는 1변화 명사의 어미입니다.

그 앞에 나온 suas(수아스)는 "소유형용사"(su-)로서 "그가 소유하고 있는/가지고 있는", 즉 "그의 것"(그가 가진 어떤 것)을 뜻합니다. 여기서는 horas에 맞추어 (어미를 as로 해서) suas라고 한 것입니다. suas(그의 ~들을) horas(시간들을), 즉 suas horas(그의 시간들을)입니다.*

* cf. 재귀대명사의 속격(가령 sui)도 "그의 것"이라고 번역될 수 있습니다만 재귀대명사는 "누구누구에 대한 것"을 지칭할 때 씁니다. 예를 들어 "suas 그림"(소유형용사)은 "그의 그림", 즉 "그가 소유하고 있는 그림"을 말합니다. 그리고 "sui 그림"(재귀대명사 속격)은 "그에 대한 그림", 즉 "다른 누군가가 그를 **대상으로** 그린 그림"을 가리킵니다.

et(에트)는 영어의 and(그리고)입니다. et를 사이에 두고 horas(호라스)와 moras(모라스)는 둘 다 복수 목적격 형태(as)로 연결됩니다. 즉, "시간들을"(horas) 그리고(et) "기다림들을"(moras)입니다.

여기서 moras의 기본형 mora는 "지체"나 "연기" 또는 "기다림"이라는 뜻을 가지고 있습니다. "지불 유예"를 뜻하여 영어와 한국어 그리고 일본어로도 같은 발음을 쓰는 "moratorium"(모라토리엄/モラトリアム)이 여기서 유래된 단어입니다.*

* "모라토리엄"이란 국가적인 경제적 위기 상황에 빌린 돈 갚는 것, 즉 채무이행을 지연하기로(채무지불유예) 선언하는 것입니다. 이는 빚을 갚고 싶지만 현재는 그럴 수 없는 상황이기에 차후에 갚기로 하는 것으로서, 돈 갚을 능력이 없다는 파산 선언(채무불이행)인 "디폴트"와는 구별됩니다.

정리하면 "Habet Deus"(신께서는 갖고 계십니다)와 "suas horas et moras"(그분의 시간들과 기다림들을)입니다. 문맥적으로 "시간을 갖는다"와 "기다림을 갖는다"는 서로 다른 두 가지를 갖는 것이라기보다는 그 둘이 함께 쓰이면서 의미를 강화시켜 주는 것으로 보입니다. 즉, 신의 기다림은 시간을 갖는 것에 기반하고 있고, 그분의 시간은 기다림과 함께 이루어진다는 것입니다.

Habet Deus suas horas et moras.
하베트 데우스 수아스 호라스 에트 모라스)

갖고 있다. 신. 그의~것. 시간을. and. 기다림을.

핵심 point

라틴어 동사 "habeo 가지다"의 어미 변화로 주어의 인칭을 표현할 수 있다.

–『혼자서도 공부할 수 있는 라틴어 문법』5강 pp. 76~80 설명 참고.

1) Habet 그/그녀/그것이 가지고 있다(주어가 3인칭 단수)

2) suas 그의 ~들을(소유형용사의 복수 목적격)

3) horas 시간들을(복수 목적격) – 1변화 명사

4) moras 기다림들을(복수 목적격) – 1변화 명사

5) 2변화 동사 "habeo 가지다"

구분	어간	어미변화	변화형태	발음	인칭	뜻
2변화동사	habe (하베) 가지다	+o	habeo	하베오	1 단	나는 가진다.
		+s	habes	하베스	2 단	너는 가진다.
		+t	habet	하베트	3 단	그/그녀/그것은 가진다.
		+mus	habemus	하베무스	1 복	우리는 가진다.
		+tis	habetis	하베티스	2 복	너희는 가진다.
		+nt	habent	하벤트	3 복	그들/그녀들/그것들은 가진다.

구분	어간	어미변화	변화형태	발음	인칭	뜻
2변화동사	habe (하베) 가지다	+o			1 단	
		+s			2 단	
		+t			3 단	
		+mus			1 복	
		+tis			2 복	
		+nt			3 복	

구분	어간	어미변화	변화형태	발음	인칭	뜻
2변화동사	habe (하베) 가지다	+o			1 단	
		+s			2 단	
		+t			3 단	
		+mus			1 복	
		+tis			2 복	
		+nt			3 복	

8강

기다림이 주는 것

Mora omnis odio est, sed facit sapientiam.

모든 기다림은 질색이더라도 지혜를 만듭니다

(푸블릴리우스 시루스, *Sententiae*, 311).

새로운 언어를 배울 때마다 '이 언어를 술술 읽을 수 있는 때가 과연 오기는 할까'라는 의구심이 들곤 한다. 그리고는 '그래, 그 날은 반드시 올 거야'라고 하면서 자신을 격려한다. 그리고는 '지금을 괴롭게 여기지 않으리라'라고 다짐하기도 한다. 기약된 훗날과 현재에 차이점이 있다면, 그것은 기대이지 좌절의 이유가 아니기 때문이다. 이는 로마 시대 웅변가인 키케로가 "일의 달콤함은 지나감의 기억이다(Suavis laborum est praeteritorum memoria)"라고 한 말을 떠올리게 해 준다.

많은 일은 지나가는 과거일 때 기쁨이 된다. 인생의 어려움도 뒤돌아보면 달콤하게 느껴질 수도 있다. 그러므로 현재는 버텨내야 하는 것이지만, 조금은 즐길 만한 것이기도 하다. 물론 우리에게 기다림은 그리 유쾌한 것이 아니다. 그럼에도 불구하고 마치 수험생이 시험일을 준비하며 공부해내듯, 회사원이 월급날을 고대하며 근무해내듯, 삶의 많은 것이 빠른 성과를 가져다 주지 않는다고 해도, 인내로 한 발씩 나아가면 언젠가 달콤한 기억으로 다가오지 않을까? 그렇다면 기다림만으로도 소중하고 가치 있는 것 아닐까? 기다림의 수고, 그것이 값진 이유는 지금 현재에도 존재한다. 과정 없이는 결과도 없는 거니까. 과정은 결과가 주지 못하는 것을 인간에게 가져다주기도 하니까.

내 삶 속에 기다림은 그 자체만으로도 가치 있는 것이었고 또 그래야만 했던 것이다. "신께서는 그분 자신만의 시간과 기다림을 갖고 계십니다"(Habet Deus suas horas et moras, [7] "기다림의 때")라는 말이 맞다면, 시간과 기다림을 지으심엔 그 목적과 쓰임이 있는 것이리라.

물론 그것은 인간의 이해를 넘어서는 것이다. 알 수 없다는 사실로 인해 이렇게 묻게 되는 것이다. '신은 왜 기다림을 만들었나? 그것은 지금 어떤 지혜를 주는가?'

> Mora omnis odio est, sed facit sapientiam.
> 모든 기다림은 질색이더라도 지혜를 만듭니다(푸블릴리우스 시루스, *Sententiae*, 311).

시리아 출신의 로마 시인이자 작가였던 푸블릴리우스 시루스의 말입니다.

Mora(모라)는 "지연"이나 "지체" 또는 "기다림"을 뜻합니다. 라틴어 계열의 현대어인 스페인어와 이탈리아어(mòra)에서도 그 뜻과 형태가 동일하게 나타납니다. 두 언어 모두 에서 mora는 (의무의) "지체"를 뜻할 뿐 아니라 뽕나무 열매인 "오디"를 말할 때도 씁니다.

omnis(옴니스)는 "모든"(all)을 뜻하는 형용사입니다. 영어뿐 아니라 프랑스어나 스페 인어 및 독일어에서도 이 omni-는 "모든"이나 "전체"를 뜻하는 접두사로 쓰입니다. 지 금도 이탈리아어에서는 라틴어 그대로를 따라 누군가의 저작이나 예술 작품 모두를 모 아 놓은 것을 "opera omnia"(오페라 옴니아)라고 부르곤 합니다.

관련해서 로마 서정시인 호라티우스는 "Non omnis moriar"(내 모든 것이 죽지는 않을 것입 니다)라는 유명한 말을 남긴 바 있습니다. 이는 자신의 일부는 세상에 계속해서 남아 있을 것이라는 말입니다. 실제로 그의 명성과 문장이 지금 우 리에게 남아 있습니다.*

> * 또한 죽음에 대한 태도를 보 여 주는 이와 같은 그의 말은 이후 "poetical testament", 즉 "시적 유언" 의 원조가 됩니다.

삼성전자의 초기 스마트폰 모델이었던 "옴니아"는 '모든 능력을 가진 스마트폰'이라 는 뜻에서 붙인 이름으로 보입니다.

그밖에도 브랜드 명이나 도서 제목 또는 회사명에서 오늘날에도 이 단어를 이따금씩 만나볼 수 있습니다.

odio(오디오)는 "싫어함"(질색함)을 뜻하는 단어로, 스페인어, 이탈리아어에서 현재도 쓰이는 말입니다. 라틴어 odio는 명사와 동사를 모두 가리킬 수 있는데 위 문장에서는 명사로 쓰였습니다.[*]

"Mora omnis odio est"는 "모든 기다림은 싫은 것이다/질색인 것이다"입니다.

sed(세드)는 영어 but(그러나)의 뜻을 갖습니다.

이어서 faci<u>t</u>(파키트)의 원형인 faci<u>o</u>(파키오)는 "나는 만든다"입니다. 여기서는 −t라는 어미가 사용되어서 3인칭 단수 주어를 뜻합니다. 따라서 주어는 "나"도 아니고 "너"도 아니며, 위 문장 맨 앞에 있는 "모든 기다림"(Mora omnis)입니다. 즉, "그것(모든 기다림)은 만든다"입니다.

sapienti<u>am</u>(사피엔티암)은 sapienti 뒤에 −am(~를)이 붙어 목적격 형태가 되었습니다. 뜻은 "지혜를"입니다.

정리하면 "Mora omnis odio est, sed facit sapientiam"(모든 기다림은 질색입니다. 하지만 그것은 지혜를 만듭니다)입니다.

문법 속으로

Mora omnis odio est, sed facit sapientiam.

모라 옴니스 오디오 에스트 세드 파키트 사피엔티암

기다림. 모든. 싫어함. 이다. but 만든다 지혜를.

핵심 point

라틴어 동사 "facio 만든다"의 어미 변화로 주어의 인칭을 표현할 수 있다.

―『혼자서도 공부할 수 있는 라틴어 문법』6강 pp. 86~92 설명 참고.

1) omnis 모든   cf. 3변화 형용사

2) sed 그러나(but)

3) facit 그/그녀/그것이 만든다(주어가 3인칭 단수).

4) "facio 만든다" 동사

구분	어간	어미변화	변화형태	발음	인칭	뜻
4변화동사	faci (파키) 만든다	+o	facio	파키오	1단	나는 만든다.
		+s	facis	파키스	2단	너는 만든다.
		+t	facit	파키트	3단	그/그녀/그것은 만든다.
		+mus	facimus	파키무스	1복	우리는 만든다.
		+tis	facitis	파키티스	2복	너희는 만든다.
		+unt	faciunt	파키운트	3복	그들/그녀들/그것들은 만든다.

구분	어간	어미변화	변화형태	발음	인칭	뜻
4변화동사	faci (파키) 만든다	+o			1단	
		+s			2단	
		+t			3단	
		+mus			1복	
		+tis			2복	
		+unt			3복	

구분	어간	어미변화	변화형태	발음	인칭	뜻
4변화동사	faci (파키) 만든다	+o			1단	
		+s			2단	
		+t			3단	
		+mus			1복	
		+tis			2복	
		+unt			3복	

9강

아는 만큼 봅니다

Tantum videmus quantum scimus.

우리는 아는 만큼 봅니다(라틴 명구).

라틴어를 알면 더 재미있게 볼 수 있는 작품으로 "해리 포터"를 꼽을 수 있다. 해리 포터의 마법 주문들은 작가인 조엔 롤링이 온갖 고전어들로 말장난(word-play)을 해서 만든 것들이라고 한다. 그리고 그 고전어에는 라틴어가 가장 많은 분량을 차지하는 듯 보인다. 그래서 라틴어를 알고 보면 좀더 쏠쏠한 재미를 얻을 수 있는 것이다.

가령 유명한 마법 주문 중 하나인 "익스펙토 페트로눔(expecto patronum*)은 "나는 수호자를 기다립니다"라는 뜻의 라틴어 문장이다. 이 주문은 디멘터라는 무서운 존재로부터 자기를 보호할 때 사용되었다. 지팡이 소환 마법인 "아씨오(accio)"는 그대로 "나는 부릅니다"라는 뜻이다. 고전 라틴어 발음으로는 "아키오"이지만, 작품에서는 교회 라틴어 발음에 따라 "아씨오"라고 했다.

"윙가르디움 레비오사(wingardium leviosa)"는 "날개"를 뜻하는 영어 단어 wing(윙)과 "높은/가파른"이라는 뜻을 가진 라틴어 형용사의 어간 ardu-(아르드), 그리고 라틴어 동사 "들어 올리다" levo(레보)**의 변형을 적절하게 섞어 놓은 것 같다. 즉, 날개를 높은 곳으로 들어 올리는 마법이라는 뜻이다.

라틴어 표현은 등장인물들의 이름에서도 나타난다. 먼저 "세베루스"(Severus)는 "근엄한" 또는 "엄숙한"을 뜻하는 라틴어 형용사이다. 그리고 알버스 덤블도어에서 "알버스"(Albus)는 라틴어 형용사로 "흰", "백발의"를 의미하는 단어이다. 늑대인간 루핀 교수의 "루핀"(Lupin)은 늑대를 뜻하는 라틴어 단어의 어간(변하지 않는 부분)이다.*** 악당 벨라트릭스 레스트랭의 "벨라트릭스"(Bellatrix)는 라틴어 명사 "여전사"이다.

물론 많은 라틴어 마법 주문들이 저자의 창작에 가까운, 재미로 만들어낸 것들이다. 그러므로 모든 주문의 어원을 찾는 것을 목표로 설정하면 머지않아 한계에 이르게 될 것이다. 그럼에도 불구하고 작가의 섬세한 작명 센스 덕분에 라틴어를 알고 보면 영화가 더 즐겁다. 아는 만큼 보이는 법이라는 말이 있지 않은가?

---

* 영어 단어 patron은 "후원자", "단골고객"이라는 뜻으로 쓰이며, 프랑스어와 스페인어 patron의 경우 "주인", 고용주"를 뜻하는 말로 사용됩니다.

** 관련해서 elevator(엘리베이터)나 lever(레버, 지레)에서도 lev-(들어올리는 것)의 흔적을 살펴볼 수 있습니다

*** 형태상 유사점을 공유하는 프랑스어와 이탈리아어에서의 "늑대"를 뜻하는 말로는 각각 loup, lupo가 있습니다.

Tantum videmus / quantum scimus
(탄툼 비데무스 / 쿠안툼 스키무스)
우리는 아는 만큼 봅니다(라틴 명구).*

* 위 문구와 유사하면서 출처가 분명한 말로는 "아는 만큼 할 수 있다"(Tantum possumus quantum scimus)가 있습니다. 이는 영국의 경험론자 프랜시스 베이컨이 앎의 중요성을 강조하며 한 말입니다.

Tantum(탄툼)이 나오고 조금 뒤에 quantum(쿠안툼)이 쓰이면 "~만큼 ~한다"라는 뜻입니다. 즉, "Tantum A quantum B"는 "A만큼 B한다"입니다. 이는 영어에서 "so(as)~as 원급 비교"(~만큼 ~한다)에 해당합니다.

videmus(비데무스)는 원형 video(비데오)에서 나왔습니다. 이는 영어 단어 비디오(video)를 파생시킨 말로 "나는 본다"라는 뜻입니다. vide-mus 중 mus(무스)라는 어미는 주어가 "우리는"(1인칭 복수)을 뜻합니다. 즉, videmus(비데무스)는 "우리는 본다"입니다.

마지막 단어 scimus(스키무스)를 봅시다. 어미가 마찬가지로 mus(무스)이므로 "우리는"이 주어입니다. 이 단어의 원형은 scio(나는 안다/이해한다)입니다. sci-o가 sci-mus로 어미가 변화할 때도 sci는 유지됩니다. sci는 이 단어의 어간(변하지 않는 부분)입니다. 영어 단어 science(사이언스)에도 sci가 들어 있습니다. 즉, 학문/과학(science)의 기초는 앎, 아는 것(sci)입니다. "sci"는 그 자체로 science의 약자로 쓰입니다. 덧붙여 science에 접두사 con을 더하면 영어 단어 conscience(양심)입니다. con은 "함께"(with)를 뜻하거나 "의미를 강조"할 때 씁니다. 양심은 모든 사람이 공유하여 함께 가지고 있는 것(with)이고, 인간 스스로가 진정으로 아는 것(의미를 강조)입니다.*

* 관심이 있으시다면 인간 보편의 양심에 대한 로마 시대 연설들을 살펴보시기 바랍니다. 관련된 주제를 로마 시대 웅변가인 키케로는 *De Officiis*에서 다룹니다.

※ 라틴어와 그리스어의 "양심"(conscience)

1) 라틴어 con(함께)sci(아는)entia(것) → conscientia(콘스키엔티아)
2) 그리스어 συν(함께)είδη(아는)σις(것) → συνείδησις(쉬네이데시스)

*접두사 con이 들어간 예시 영어 단어

1) 함께(with) → ① con(함께)nect(묶는)ion(것) : connection (연결/접속)

　　　　　　　② con(함께)seque(좇는)nce(것) : consequence (결과/결론)

2) 의미를 강조 → ① con(완전히)clude(닫다) : conclude (결론짓다)

　　　　　　　② con(완전히)dense(빽빽한) : condense (압축하다/농축시키다)

　　우리는 아는 만큼 봅니다(Tantum videmus quantum scimus). 아는 것(sci-)은 보는 것 (vide-)과 관련이 있습니다. 알지 못하면 무엇을 볼 수 있는지조차 모릅니다. 로마 시대 철학자인 세네카는 "두려움의 원인은 모른다는 것에 있다"(Timendi causa est nescire)라고 했습니다.

　　공부는 무엇을 아는지, 알아야 할지, 그리고 결국 자신이 무엇을 위해 살아야 하는지를 배우는 과정이라고 볼 수 있습니다. 이 공부를 꼭 책상에 앉아서 해야 하는 것은 아닙니다. 알아감, 즉 배움은 완벽한 결과를 낳는가와 상관없이 과정만으로도 충분히 가치 있고 유익한 것입니다. 과정 그 자체가 우리의 살아감을 보다 풍성하게 합니다.

　　우리는 라틴어 문장과 단어들 속에 담긴 의미를 생각하고 있습니다. 이것은 우리의 삶과 직접적으로 연관되기도 하고, 삶을 왜 살아야 하는지 한 번 더 생각하게 하는 이유가 되기도 합니다. 어떤 것을 배우며 살아가느냐는 우리를 다듬고 가꾸는 기회가 됩니다. 삶을 공부하는 여정에서 여러분은 어떤 의미들을 깨달으며 배우고 있나요?

문법 속으로

Tantum videmus quantum scimus
(탄툼. 비데무스. 쿠안툼 스키무스)
~만큼. 우리가 본다. ~만큼. 우리가 안다.

핵심 point

(복습하기) 라틴어 동사의 어미 변화로 주어의 인칭을 표현할 수 있다.
－『혼자서도 공부할 수 있는 라틴어 문법』 5~6강 설명 참고.

1) Tantum A. quantum B. A만큼 B한다(so/as A as B)

2) videmus 우리는 본다(주어가 1인칭 복수)

3) scimus 우리는 안다(주어가 1인칭 복수)

4) 2변화 동사 "video 본다"

구분	어간	어미변화	변화형태	발음	인칭	뜻
2변화동사	vide (비데) 본다	+o	video	비데오	1 단	나는 본다.
		+s	vides	비데스	2 단	너는 본다.
		+t	videt	비데트	3 단	그/그녀/그것은 본다.
		+mus	videmus	비데무스	1 복	우리는 본다.
		+tis	videtis	비데티스	2 복	너희는 본다.
		+nt	vident	비덴트	3 복	그들/그녀들/그것들은 본다.

구분	어간	어미변화	변화형태	발음	인칭	뜻
2변화동사	vide (비데) 본다	+o			1 단	
		+s			2 단	
		+t			3 단	
		+mus			1 복	
		+tis			2 복	
		+unt			3 복	

구분	어간	어미변화	변화형태	발음	인칭	뜻
2변화동사	vide (비데) 본다	+o			1 단	
		+s			2 단	
		+t			3 단	
		+mus			1 복	
		+tis			2 복	
		+unt			3 복	

5) 4변화 동사 "scio 알다"

구분	어간	어미변화	변화형태	발음	인칭	뜻
4변화동사	sci (스키) 알다	+o	scio	스키오	1 단	나는 안다.
		+s	scis	스키스	2 단	너는 안다.
		+t	scit	스키트	3 단	그/그녀/그것은 안다.
		+mus	scimus	스키무스	1 복	우리는 안다.
		+tis	scitis	스키티스	2 복	너희는 안다.
		+unt	sciunt	스키운트	3 복	그들/그녀들/그것들은 안다.

구분	어간	어미변화	변화형태	발음	인칭	뜻
4변화동사	sci (스키) 알다	+o			1 단	
		+s			2 단	
		+t			3 단	
		+mus			1 복	
		+tis			2 복	
		+unt			3 복	

구분	어간	어미변화	변화형태	발음	인칭	뜻
4변화동사	sci (스키) 알다	+o			1 단	
		+s			2 단	
		+t			3 단	
		+mus			1 복	
		+tis			2 복	
		+unt			3 복	

10강

막다른 길(또는 몬스터) 앞에서

Aut inveniam viam aut faciam.

저는 길을 찾을 것이고 없으면 만들 것입니다

(한니발).

우리는 막다른 길 앞에서 멈춰 서게 됩니다. 막다른 길에서 더 나아가기 위해서는 새로운 길을 찾거나 만들어야 합니다. 그리고 이 과정은 인간을 더 성장시키기도 합니다.

비슷한 맥락으로 "몬스터"라는 단어를 생각해 봅시다. 영화나 드라마에 등장하는 몬스터는 주인공에게 위험 요소입니다. 그런데 이 몬스터는 주인공에게 성장과 각성의 계기가 되기도 합니다. 이때 몬스터(monster)라는 말 중 몬(mon)은 "충고함"과 관련된 라틴어 어근인데, 이 mon은 '긍정적인 경우'에는 격려, 권고, 상기시킴이라는 뜻을, '부정적인 경우'에는 경고, 훈계라는 뜻도 담고 있습니다. 그렇기에 몬(mon)을 어근으로 가진 단어들은 긍정이나 부정이라는 두 가지 뉘앙스를 모두 연상하게 해 줍니다.[*] 이처럼 라틴어를 공부할 때 유익한 점 하나는 한 단어 안에 담긴 의미를 여러 가지 서로 다른 방향으로 상상해 볼 수 있다는 것입니다.

저는 라틴어 학습이 초심자에겐 막다른 길을 만나는 것과 같을 것이라고 생각합니다. 인류 고전을 공부하는 이들에게는 넘어야 할, 넘기 힘든 상대일 것입니다. 그럼에도 새로운 표현을 배우다 보면 기쁨으로 막다른 길을 통과하는 날이 올 것입니다. 삶의 도전이자 도약이 될 새 길을 만들어낼 수도 있습니다. 살펴보는 문구들 중 하나가 세상을 살아낼 한 줌의 밑거름이 될 수 있다면 이 얼마나 놀라운 일일까요?

---

[*] 위 뉘앙스를 모두 가진 라틴어 동사로는 moneo(충고하다/경고하다/생각나게 하다)가, 영어 동사로는 admonish(충고하다/책망하다)가 있습니다. 또한 영어 단어 money(돈) 역시 인류에게 좋은 것이자 위험 요소가 될 수도 있습니다.

> Aut inveniam viam / aut faciam.
> (아우트 인베니암 비암 / 아우트 파키암)
> 나는 길을 찾을 것이고 없으면 만들 것이다(한니발).

이 말은 고대 카르타고의 군사 지도자였던 한니발(Hannibal Barca)이 한 말로 여겨집니다. 로마 시대 철학자인 세네카는 같은 문장을 주어만 3인칭으로 해서 쓴 바 있습니다 (inveniet viam, aut faciet, 그는 길을 찾을 것이고 없으면 만들 것이다).

여기서 Aut(아우트)는 조금 뒤에 aut가 한 번 더 나와서 "~하거나(or) ~이다"를 뜻합니다. 즉, "aut A aut B"는 영어로 "either A or B"에 해당합니다. 이때 앞에 나오는 aut는 생략되기도 합니다. 이는 영어에서 either를 생략해도 "A or(이거나/하거나) B"로 뜻의 큰 차이가 없는 것과 같습니다.

inveniam(인베니암)은 미래형이고 주어가 1인칭 단수로 쓰여서(am) "나는 찾을 것이다"입니다. in과 veni의 합성어로 만들어진 inveni-는 "찾다", "만나다", "발견하다", "발명하다"라는 뜻이 있습니다. 영어 단어이자 프랑스어 단어인 invention(발명, 발명품)을 떠올리면 쉽게 기억할 수 있습니다.

※ **veni와 합쳐져 만들어지는 라틴어 단어들***

1) **in(안으로)veni(오다)** → 안으로 와서 "찾다",
   "만나다", "발견하다", "발명하다"
   ※ 영어 단어 invent(발명하다), invention(발명), inventor(발명가)

2) con(함께)veni(오다) → "함께 모이다", "회의를 소집하다", "서로 잘 들어맞다"
   ※ 영어 단어 **convention**(모임/집회/협약/관습)

3) prae(먼저)veni(오다) → "먼저 오다/능가하다", "예상하다", "예방하다"
   ※ 영어 단어 **prevention**(예방/방지)

4) inter(사이에)veni(오다) → "개입하다", "끼어들다", "중재하다"
   ※ 영어 단어 **intervention**(중재/개입)

***** 오늘날에는 스페인어와 프랑스어의 venir와 이탈리아어의 venire가 "오다/도착하다"를 뜻합니다.

viam(비암)은 via(길)의 목적격(am) 형태로 "길을"을 뜻합니다. via는 영어에서 "(길을) 통하여/경유하여" 지나가는 인상을 주는 어근입니다.

영어의 형용사로 pervious(통과시키는)를 떠올릴 수 있습니다. 또한 영어의 동사 deviate(탈선하다)에서 de는 "떨어짐/분리"를 뜻하는 접두어로 쓰여, 길에서(via) 벗어나는 (de) 동작(ate)임을 나타냅니다.

영어 via는 그 자체로도 전치사로 쓰입니다. 이 전치사로의 쓰임(통하여/경유하여)은 독일어, 프랑스어, 네덜란드어에서도 공유됩니다.**

****** 영어에서 비슷한 뉘앙스를 전달하는 전치사로 via, by, through가 있듯 독일어, 프랑스어, 네덜란드어, 스페인어에서는 via와 더불어 (각 언어 순서대로) über, par, per, por도 많이 사용합니다.

영국 스코틀랜드의 글래스고 대학교(University of Glasgow)는 라틴어 모토를 "Via, Veritas, Vita"(길, 진리, 생명)로 삼고 있습니다. "길, 진리, 생명"이라는 번역어는 그 운율을 담지 못했습니다만, 라틴어로 읽으면 V로 소리가 연결되는 (via를 포함한) 3개의 단어가 쓰였음을 알 수 있습니다.

faciam(파키암)은 inveniam(나는 찾을 것이다)과 같이 미래형으로 쓰였습니다. faci–뒤에 a는 미래형 어간이고 m은 주어가 1인칭 단수(나)를 뜻합니다. 뜻은 "나는 만들 것이다"입니다.

정리하면 "나는 길을 찾을 것이다(aut inveniam viam). 그렇지 않으면 만들 것이다(aut faciam)"입니다.

그런데 원문 읽기는 소리를 내어 읽어 보아야 그 맛을 제대로 느낄 수 있습니다. 다시 한번 표를 보며 내용을 같이 확인해 봅시다.

Aut inveniam viam

아우트 인베니암 비암

나는 길을 찾을 것이다.

aut faciam (viam)

아우트 파키암

or 만들 것이다 (길을)

→ 여기서 or은 "그렇지 않으면"/"찾을 길이 없더라도"

먼저 Aut inveniam과 aut facium이 소리와 문장에 있어 연결되고 있습니다.

그리고 inveniam과 viam도 동사(inveni–)의 주어를 1인칭 단수 · 미래형(–am, 나는 ~할 것이다)으로, 명사(via)를 목적격(–am, –을/를)으로 써서 –am으로 일치되었습니다.

aut inveniam viam이 리듬감 있게 한 세트로 발음된 뒤에, 뒤이어 비슷한 소리 효과를 가진 aut faciam가 나오고 있습니다.

여기서 뒤에 나오는 aut는 "그렇지 않으면"(or)을 뜻하여 "설령 찾을 길이 없더라도"라는 의미를 갖습니다. 그리고 문장은 "나는 만들 것이다. (길을)"로 마무리됩니다.

한편 faciam 뒤에 viam은 생략되고 있습니다. 따라서 문장을 끝맺는 faciam이 (길이 없으면 만들겠다는) 화자의 주체적인 태도로서 강조됩니다. 생략된 "길을"(viam)을 통해서는 여운이 남습니다. 결과적으로 문장에 함축미와 세련됨이 더해집니다.

문법 속으로

Aut inveniam viam aut faciam.
(아우트 인베니암 비암 아우트 파키암)
either 나는 찾을 것이다 길을 or 나는 만들 것이다.

···

핵심 point

라틴어 동사의 어미 변화를 과거형과 미래형으로 표현할 수 있다.

－『혼자서도 공부할 수 있는 라틴어 문법』7강 pp. 100~109 설명 참고.

---

1) aut A. aut B. A이거나/하거나/그렇지 않다면 B(either A or B)

2) inveniam 나는 찾을 것이다(주어가 1인칭 단수, 미래형)

3) faciam 나는 만들 것이다(주어가 1인칭 단수, 미래형)

4) 동사의 과거형 어미 변화

※ 여기서 과거형은 현재완료와 구별해서 뜻을 "~ 하고 있었다"(미완료로, 진행 중)로 합니다.

과거형 어간	어미변화	변화형태	인칭	뜻
+ba	+m	bam	1단	내가 ~하고 있었다.
	+s	bas	2단	네가 ~하고 있었다.
	+t	bat	3단	그/그녀/그것이 ~하고 있었다.
	+mus	bamus	1복	우리가 ~하고 있었다.
	+tis	batis	2복	너희가 ~하고 있었다.
	+nt	bant	3복	그들/그녀들/그것들이 ~하고 있었다.

과거형 어간	어미변화	변화형태	인칭	뜻
+ba	+m		1단	
	+s		2단	
	+t		3단	
	+mus		1복	
	+tis		2복	
	+nt		3복	

과거형 어간	어미변화	변화형태	인칭	뜻
+ba	+m		1단	
	+s		2단	
	+t		3단	
	+mus		1복	
	+tis		2복	
	+nt		3복	

5) 1, 2변화 동사의 미래형 어미 변화

미래형 어간	어미변화	변화형태	인칭	뜻
+bi	−i+o	bo	1단	내가 ~할 것이다.
	+s	bis	2단	네가 ~할 것이다.
	+t	bit	3단	그/그녀/그것이 ~할 것이다.
	+mus	bimus	1복	우리가 ~할 것이다.
	+tis	bitis	2복	너희가 ~할 것이다.
	(i→u)+nt	bunt	3복	그들/그녀들/그것들이 ~할 것이다.

미래형 어간	어미변화	변화형태	인칭	뜻
+bi	−i+o		1단	
	+s		2단	
	+t		3단	
	+mus		1복	
	+tis		2복	
	(i→u)+nt		3복	

미래형 어간	어미변화	변화형태	인칭	뜻
+bi	−i+o		1단	
	+s		2단	
	+t		3단	
	+mus		1복	
	+tis		2복	
	(i→u)+nt		3복	

6) 3, 4변화 동사의 미래형 어미 변화

※ 위 문장에서 배운 faciam, inveniam의 −am은 3, 4변화 동사의 주어가 1인칭 단수임을 뜻합니다.

미래형 어간	어미변화	변화형태	인칭	뜻
+e	−e+am	am	1단	내가 ~할 것이다.
	+s	es	2단	네가 ~할 것이다.
	+t	et	3단	그/그녀/그것이 ~할 것이다.
	+mus	emus	1복	우리가 ~할 것이다.
	+tis	etis	2복	너희가 ~할 것이다.
	+nt	ent	3복	그들/그녀들/그것들이 ~할 것이다.

미래형 어간	어미변화	변화형태	인칭	뜻
+e	−e+am		1단	
	+s		2단	
	+t		3단	
	+mus		1복	
	+tis		2복	
	+nt		3복	

미래형 어간	어미변화	변화형태	인칭	뜻
+e	−e+am		1단	
	+s		2단	
	+t		3단	
	+mus		1복	
	+tis		2복	
	+nt		3복	

3부

다시 돌아봐야 할 것

11강

눈과 귀는 배움을 위한 것

Aures aperuisti, sed non audis.

당신은 귀가 열려 있으면서도 듣지 못합니다

(이사야 42:20).

배웠다는 것은 성장이 있었다는 의미이자, 그 날의 존재함이 가치 있었다는 증거이다. 그러므로 배움의 하루가 갖는 의미는 나아짐이다.

그런데 누가 배우는 자일까? 누가 누구에게 선생이 될 수 있을까?

배움은 일단 무엇보다 어려운 것이다. 사람은 모두 살아온 역사가 다르고, 능력과 자질이 천차만별이며, 옳고 그름의 척도도 상이하다. 그러한 가운데 선생으로 대접할 이, 학생을 자처할 이가 누가 있을까?

하지만 배움은 어려운 것이 아니다. 눈과 귀가 열렸다면 누구든 보고 들을 것이다. 사람은 스스로 온전하지 않기 때문에, 배우는 모든 자는 불완전하기에, 누구에게서든 보거나 들으면서 배워 갈 것이다.

배움은 인간이 살아갈 필요이며, 인간은 배움 없이 살아갈 수 없다.

열린 눈과 귀로 스스로를 들여다보고, 주위를 돌아보면 배움은 이루어질 것이다.

> Aures aperuisti, / sed non audis.
> (아우레스 아페루이스티 / 세드 논 아우디스)
> 당신은 귀가 열려 있으면서도 듣지 못합니다(이사야 42:20).

라틴어 Aures(아우레스)는 기본형 auris(귀)의 복수 주격 형태로 "귀들이"를 뜻합니다. 위 문장의 맨 마지막 단어인 audis(아우디스, "너는 듣는다")와 함께 au-를 공유하며 신체 내 청각 기능을 담당하는 기관으로 쓰이고 있습니다.

aperuisti(아페루이스티)는 기본형이 aperio(열다)입니다. 영어 단어 April(4월)은 새싹이 돋아나는(열리는) 계절이라는 점에서 나온 말입니다.*

여기서 뜻은 "너는 열렸다/드러났다"입니다. aperuisti의 어미(-isti)는 이 라틴어 동사의 시제가 현재 완료라는 것을 나타냅니다. 현재완료는 과거의 동작이 끝나거나 그 동작이 현재에도 영향을 미치는 경우에 사용하는 라틴어 시제입니다(영어의 완료 시제와 쓰임이 비슷합니다). 이에 대해서는 28과에서 보다 자세히 살필 것입니다.

> * 관련해서 apertura는 스페인어와 이탈리아어에서 "개시, 개회"를 뜻합니다. 또한 두 언어 모두 식사의 개시를 알리는 "애피타이저"의 경우 aperitivo라 합니다.

sed(세드)는 영어의 but(그러나)를, non(논)은 영어의 not(부정어)를 뜻합니다.

audis(아우디스)는 audio(아우디오)를 어미만 o에서 s로 바꾼 것으로 주어가 2인칭 단수, 즉 "너는 듣는다"입니다.

audio는 "청강생"이나 "감사관(법률 고문)"을 뜻하는 영어 단어 auditor가 떠오르게 해

줍니다.

* auditor는 스페인어에서도 "감사관"을 뜻하는 말로 쓰이며 "청강생"은 estudiante(흔히 "학생"으로 옮겨지는 말)라는 다른 단어를 사용합니다.

※ audio(아우디오)와 자동차 관련 라틴어 표현

일상 속 물건인 "오디오"(audio)는 라틴어 audio(나는 듣는다)와 관련이 있습니다. 즉, "오디오"는 "듣는 물건"(오디오)입니다.

차종 중 하나로는 "아우디"(audi)가 있습니다. 어째서 차종이 "아우디"입니까? 라틴어 동사는 어미를 떼면 명령형으로 쓰입니다. 즉, audi는 "들으라"라고 외치며 행차하는 느낌을 줍니다. 마치 그 안에 타고 있는 고귀한 분의 등장을 예고하는듯 말입니다. 좋은 차라는 뜻이겠지요.

차종이 나왔으니 또 생각해 볼 라틴어 단어들이 있습니다.

수많은 자동차에 적힌 회사명이자 단어인 volvo(볼보)는 "나는 구른다"는 뜻을 가진 라틴어 동사입니다.

그리고 epuus(에쿠스)는 라틴어 명사 "말"을 뜻하는 단어입니다. 고대에 이동수단이 마차였던 것을 생각하면 "에쿠스"라는 차 이름 자체가 교통수단의 변천과 발전을 보여 주는듯 합니다.

하나 더, stella(스텔라)가 있습니다. "별"이라는 뜻입니다. 이름을 붙인 이유와는 관련이 없겠지만, "스텔라"는 별처럼 등장했다가 지금은 사라진 차종입니다. 영화 제목으로 유명한 "인터스텔라"(Interstellar)도 라틴어에 근거로 둔 단어로 별(stella) 사이(inter), 즉 항성 간의 우주여행을 다룹니다.

귀들이(aures) 열려(aperuisti) 있으나(sed) 듣지 못한다(non audis).

이처럼 귀가 있어도 듣지 못하고 눈이 있어도 보지 못하면 소용없는 일입니다.

라틴어를 듣고 볼 눈과 귀가 없어도 못 보고 못 듣겠지만, 삶의 구석구석을 살필 눈과 귀가 없어도 우리는 세상과 사람을 만나지 못할 것입니다.

우리 삶을 풍성하게 할 자리들에 눈과 귀가 열리길,

배움의 빛이 우리 각자에게 비추이길 기대합니다.

문법 속으로

Aures aperuisti, sed non audis.
(아우레스 아페루이스티 세드 논 아우디스)
귀들. 너는 열려 있다. but. not. 너는 듣는다.

핵심 point

라틴어 동사 "audio 듣다"의 어미 변화를 과거형과 미래형으로 표현할 수 있다.

ㅡ『혼자서도 공부할 수 있는 라틴어 문법』7강 pp. 41~45 설명 참고.

1) aperuisti 너는 **열렸다/드러났다(현재완료)** cf. 28과 [문법 속으로]에서 다룰 것입니다.

2) audis 너는 듣는다(주어가 2인칭 단수)

3) "audio 듣다" 동사의 과거형

※ 여기서 과거형은 현재완료와 구별해서 뜻을 "~ 하고 있었다"(미완료로, 진행 중)로
합니다.

구분	어간	과거형 어간	어미변화	변화형태	발음	인칭	뜻
4변화동사	audie (아우디에) 듣다	+ba	+m	audiebam	아우디에밤	1 단	내가 듣고 있었다.
			+s	audiebas	아우디에바스	2 단	네가 듣고 있었다.
			+t	audiebat	아우디에바트	3 단	그/그녀/그것이 듣고 있었다.
			+mus	audiebamus	아우디에바무스	1 복	우리가 듣고 있었다.
			+tis	audiebatis	아우디에바티스	2 복	너희가 듣고 있었다.
			+nt	audiebant	아우디에반트	3 복	그들/그녀들/ 그것들이 듣고 있었다.

구분	어간	과거형 어간	어미변화	변화형태	발음	인칭	뜻
4변화동사	audie (아우디에) 듣다	+ba	+m			1 단	
			+s			2 단	
			+t			3 단	
			+mus			1 복	
			+tis			2 복	
			+nt			3 복	

구분	어간	과거형 어간	어미변화	변화형태	발음	인칭	뜻
4변화동사	audie (아우디에) 듣다	+ba	+m			1 단	
			+s			2 단	
			+t			3 단	
			+mus			1 복	
			+tis			2 복	
			+nt			3 복	

4) "audio 듣다" 동사의 미래형

* 여기서 어간은 기본 어간(audie)와 미래형 어간(e)을 함께 포함합니다. e는 중복되어 철자를 하나만 씁니다. 관련된 설명은 「혼자서도 공부할 수 있는 라틴어 문법」 108쪽 각주를 참고하기 바랍니다.

구분	어간*	어미변화	변화형태	발음	인칭	뜻
4변화동사	audie (아우디에) 듣다	-e+am	audiam	아우디암	1 단	내가 들을 것이다
		+s	audies	아우디에스	2 단	네가 들을 것이다
		+t	audiet	아우디에트	3 단	그/그녀/그것이 들을 것이다
		+mus	audiemus	아우디에무스	1 복	우리가 들을 것이다
		+tis	audietis	아우디에티스	2 복	너희가 들을 것이다
		+nt	audient	아우디엔트	3 복	그들/그녀들/그것들이 들을 것이다

구분	어간	어미변화	변화형태	발음	인칭	뜻
4변화동사	audie (아우디에) 듣는다	—e+am			1 단	
		+s			2 단	
		+t			3 단	
		+mus			1 복	
		+tis			2 복	
		+nt			3 복	

구분	어간	어미변화	변화형태	발음	인칭	뜻
4변화동사	audie (아우디에) 듣는다	—e+am			1 단	
		+s			2 단	
		+t			3 단	
		+mus			1 복	
		+tis			2 복	
		+nt			3 복	

12강

누구의 평화인가?

Pax Romana. Pax Americana.

로마의 평화, 미국의 평화

(세네카, 리메이크 버전).

지중해 권을 재패했던 로마의 역사와 지금도 남아 있는 그들의 웅장한 건축물은 로마가 주도했던 평화 시대를 떠올리게 해 줍니다. "팍스 로마나"(로마의 평화)라는 문구가 말해 주듯이, 로마는 그 아래에서만 평화를 확보할 수 있는 제국이었습니다.

이 "팍스 로마나"는 각 시대마다 어떤 제국이 강력했느냐에 따라 "팍스 브리타니카(Pax Britannica, 영국의 평화)", "팍스 게르마니카(Pax Germanica, 독일의 평화)", "팍스 에우로페아나(Pax Europeana, 유럽의 평화)"와 같은 말로 리메이크되었습니다. 그리고 2차 세계대전과 소련의 붕괴 후 가장 많이 회자되었던 말은 "팍스 아메리카나"(Pax Americana, 미국의 평화)입니다. 이처럼 우리는 때마다 반복되는 여러 버전의 평화를 봅니다. 그렇다면 평화란 범접할 수 없는 어떤 최강자가 등장해야만 이루어지는 것일까요? 이와 관련된 말로는 '남이 죽지 않으면 내가 죽는다. 내가 주도권을 얻지 못하면 남이 갖는다'와 같은 것들이 있습니다.

한편 로마의 역사가 타키투스는 로마의 제국주의 정신을 비판하며 말합니다.

"그들이 폐허를 만드는 곳에서 평화라고 부릅니다"(Ubi solitudem faciunt, pacem appellant).*****

역사는 말해 줍니다. 누군가의 평화는 다른 누군가의 불행으로 가능했다고.

남보다 더 많은 힘으로 그들을 눌러 이기고자 하는 정신은 때마다 여러 형태로 살아남아 왔습니다. 오늘날 평화의 한 부분은 누군가보다 더 많이 가진 자본과 기술로부터 오는 듯합니다.

현실 밖으로 나가서 살 수 있는 사람은 아무도 없습니다. 다만 '그 현실의 흐름에 합류할 것인가 역행할 것인가, 그 시류를 일정 부분 따라도 되는가, 어느 부분에서 어떤 방식으로 적정선을 찾을 것인가'와 같은 다양한 고민을 할 뿐입니다.

세상은 이와 같은 결을 가지고 우리에게 다가옵니다. 당신은 이에 어떻게 반응하며 살고자 합니까?

---

* 흔히 영어로는 "They make a desert and call it peace"으로 이탈리아어로는 "Dove fanno il deserto, lo chiamano pace"라고 씁니다.

> ### Pax Romana. / Pax Americana.
> (팍스 로마나 / 팍스 아메리카나)
> 로마의 평화, 미국의 평화(세네카, 리메이크 버전).

Pax Romana(팍스 로마나)는 로마 시대 철학자인 세네카가 로마의 아우구스투스가 이룩한 원정의 성공을 기념하며 한 말입니다.

Pax(팍스)는 평화(의 여신)를 뜻하는 말로 어근은 pac-입니다.[*] 프랑스어 paix(고대에는 pais), 이탈리아어 pace, 스페인어 paz가 모두 평화와 관련된 말입니다. 영어 peace는 고대 프랑스어(pais)를 거쳐 등장했을 것입니다.

> [*] 라틴어 단어 pax(평화)는 주격만 불규칙으로 pax이고 속격부터 pac-로 나타납니다. 이 단어는 3변화 명사로, 이에 대한 내용은 14과부터 배울 것입니다.

떠올려 볼 수 있는 영어 단어는 Pacific입니다. 즉, "태평양(太平洋)"입니다. 영어는 Paci(평화) fic(만들다), 즉 "평화로운/평화를 이루는/평화를 가져오는 바다"로 보았습니다. 그러나 한자권은 크고(太) 평평한(平) 바다(洋)라는 의미로 태평양(太平洋)이라고 했습니다.

관련된 라틴어 동사는 paco(파코)입니다. 이 단어는 "평화롭게 하다"(make peaceful)나 "달래다/진정시키다"(soothe)를 뜻합니다.

Americana(아메리카나)는 미국을 뜻하지만 본래 라틴어로 쓰였던 단어는 아닙니다. 로마 시대에 미국은 존재하지 않았습니다. 근대에 여타 나라들의 이름을 라틴어로 맨 뒤에 −na나 −ka(ca)를 붙여서 로마식 나라 이름으로 만든 것 중 하나입니다.

그리고 중국 경제가 한참 성장할 때에는 Pax Sinica(팍스 시니카)라는 문구가, 우리 민족의 미래를 꿈꾸는 말로 Pax Koreana(팍스 코레아나)라는 문구가 등장하기도 했습니다.

인류는 이렇듯 자신과 자기 나라를 중심으로 한 세계 평화를 꿈꿉니다. 허나 진정한 평화는 다른 누군가를 배제하거나 누군가의 우위를 점하는 방식으로 이뤄지지 않습니다. 어떻게 이런 식으로 찾아오는 누군가의 평화를 우리 모두의 평화라고 말할 수 있겠습니까?

문법 속으로

Pax Romana, Pax Americana,

(팍스. 로마나. 팍스. 아메리카나)

평화. 로마. 평화. 미국.

핵심 point

(복습하기) 라틴어 1변화 명사의 어미 변화를 알 수 있다.

−『혼자서도 공부할 수 있는 라틴어 문법』 2~3강 복습.

1) pax 평화(어근은 pac−) cf. 3변화 명사

2) 1변화 명사 "Roma 로마"[*]

* 연습을 위해 "로마"라는 지명에 인격을 부여한 뜻으로 적었습니다. 아래에 나온 "미국"이라는 단어의 격을 연습할 때도 그 뜻은 연습을 위한 문제로서 제시된 것입니다.

구분	Rom-(단수)	뜻	Rom-(복수)	뜻
주격	Roma	로마가	Romae	로마들이
속격	Romae	로마의	Romarum	로마들의
여격	Romae	로마에게	Romis	로마들에게
목적격	Romam	로마를	Romas	로마들을
탈격	Roma	로마와 함께	Romis	로마들과 함께

구분	Rom-(단수)	뜻	Rom-(복수)	뜻
주격	Roma			
속격				
여격				
목적격				
탈격				

구분	Rom-(단수)	뜻	Rom-(복수)	뜻
주격	Roma			
속격				
여격				
목적격				
탈격				

3) 1변화 명사 "Americana 미국"

구분	American-(단수)	뜻	American-(복수)	뜻
주격	Americana	미국이	Americanae	미국들이
속격	Americanae	미국의	Americanarum	미국들의
여격	Americanae	미국에게	Americanis	미국들에게
목적격	Americanam	미국을	Americanas	미국들을
탈격	Americana	미국과 함께	Americanis	미국들과 함께

구분	American-(단수)	뜻	American-(복수)	뜻
주격	Americana			
속격				
여격				
목적격				
탈격				

구분	American-(단수)	뜻	American-(복수)	뜻
주격	Americana			
속격				
여격				
목적격				
탈격				

13강

역경을 지나

Per ardua ad astra

역경을 지나서 별을 향해

(여러 나라의 공군 또는 도시의 모토)

커리큘럼을 아는 것은 효과적인 독서법 중 하나이다.

커리큘럼은 진행될 방향과 가야 할 목적지, 그리고 이 책을 붙잡고 끝까지 가는 법 등을 알려 주기 때문이다.

혹시 삶을 책처럼 볼 수 있다면 어떨까? 그저 상상만이라도 해 보자. 미래의 내 모습은 어떠할까? 이 단계에서 저 단계로 가기 위해 할 일은 무엇일까? 이 일을 이루어내기 위해서 현재 나의 부족함은 무엇인가? 장점으로는 무엇이 있을까? 등등.

나를 다시 보고, 새롭게 보고, 앞으로 살아가기 위해서 삶의 커리큘럼을 생각해 본다. '이것이 목표점을 찾아갈 방향이 되어 주진 않을까? 인내의 순간을 발전의 밑거름으로 삼게 해 주지 않을까?' 하고.

커리큘럼은 삶을 조망하려는 시도이다.

과거를 돌아보고 미래로 나아가려는 노력이자, 삶의 과정 그 자체이다.

Per ardua / ad astra
(페르 아르두아 / 아드 아스트라)

역경을 지나서 별을 향해(여러 나라의 공군 또는 도시의 모토)

per(페르)는 어딘가를 통과하며 지나가는 인상을 주는 단어(through)입니다.

ardua(아르두아)는 중성형 단어의 복수 목적격 형태로서 어미가 a가 됩니다.

이것은 "가파른 곳"이나 "절벽"을 뜻하는 말로 은유적으로 "역경"도 됩니다.[*]

ad(아드)는 "~쪽으로", "~향해"를 뜻하는 전치사로서 뒤에 목적격을 취합니다.

astra(아스트라)가 "별"을 뜻하는 중성형 단어의 복수 목적격 형태(-a)입니다.

영어 단어 astronomy(천문학)나 astronaut(우주 비행사)를 떠올리게 합니다.[**]

per 'ardua' ad astra는 per 'aspera' ad astra로 대체해서도 많이 사용됩니다.

ardua(절벽) 대신, 형용사 asper(거친, 가혹한)를 목적격 형태로 써도 된다는 것이죠.

[*] 스페인어, 프랑스어, 이탈리아어에서도 ardu-는 "어려운/까다로운/가파른"을 뜻하는 말로 씁니다.

[**] 다양한 유럽어들의 유사점을 비교해 봅시다. 영어 Astronomy, Astronaut에 대응하는 이탈리아어는 Astronomia, Astronauta, 스페인어는 Astronomía, Astronauta, 프랑스어는 Astronomie, Astronaute, 독일어는 Astronomie, Astronaut, 네덜란드어는 Astronomie, Astronaut 입니다.

Per ardua ad astra / per aspera ad astra

역경을 지나서 별을 향해

※ 사족: 베르길리우스의 문장 "Forsan et haec olim meminisse iuvabit"에 관해

베르길리우스는 수많은 이들에게 동경의 대상이 되곤 했습니다. 20세기를 대표하는 노벨 문학상 수상자인 T.S. 엘리엇은 "우리의 고전, 모든 유럽의 고전은 베르길리우스다(Our classic, the classic of all Europe, is Virgil)"라고 합니다. 옥스퍼드와 케임브릿지 대학교의 영문학 교수였던 C.S. 루이스는 "베르길리우스와 함께 유럽의 시가 자란다(With Virgil European poetry grows up)"라고 했습니다.

"Forsan et haec olim meminisse iuvabit"는 베르길리우스가 저서 *Aeneid*에서 쓴 말입니다(1권. 203행). 그러나 위 문구를 불편해 하는 이들도 있습니다. 마지막 단어인 iubabit가 "즐겁게 할 것이다"라고 관용적으로 전해졌기 때문입니다(이에 따른 번역은. "어쩌면 언젠가는 그 또한 기억함이 즐거울 것입니다"). 심각한 고난을 지나고 있는 이들에게 나중에는 그 일이 즐거움으로 여겨질 날이 올 것이라고? 이 말은 공감 능력이 부족한 것으로 비추어지기도 합니다.

한편 이 문제의 단어의 원형은 iubo(유보)인데, 기본적으로 "돕다"(help, aid, 나아가선 useful)라는 뜻이고 위 문장도 이에 적용 가능합니다.* 즉, "어쩌면 언젠가는 이 또한 기억함이 도움이 되겠지요"입니다. 작품 문맥을 따라서도 '시련은 힘든 것이었으나 그 경험은 차후에 기억될 때 도움이 되겠지요'라는 위로와 격려의 말로 충분히 볼 수 있습니다. 물론 이런 말이 정말로 도움이 될지는 모르는 일입니다. 고통당하는 이에게는 충고가 아닌 공감이 필요하지요. 다만 '즐거움'보다는 '도움'이 조금 나아보입니다.

비슷한 상황에서 위로를 줄 수 있는 또 다른 말로는, 카르타고 출신의 로마 시인 테렌티우스의 문장도 있습니다. "두려워하지 마세요. 우리는 좋은 것도 나쁜 것도 당신과 함께 견뎌낼 거예요(Noli metuere, una tecum bona mala tolerabimus)." 개인적으로는 고통 속에 있는 이에게 '함께하겠다'고 해 주는 것만큼 어렵고 중요한 일이 또 있을까 싶네요.

---

* 저 역시 처음에 이 문구를 읽을 때는 고전적인 방식을 따라 iuvo를 "즐거움"으로 보았지만 다시 읽을 때는 "도움"이라는 뜻으로 자연스럽게 읽었던 바 있습니다. 그리고 후자와 같이 해석하고 번역하는 고전 학자들이 있음을 알게 됐습니다. 미국의 고전학자 Stanley Lombardo가 그와 같은 방식으로 옮긴 역본을 참고해 보시기 바랍니다. Virgil: *Aeneid*, Hackett Publishing Company, 2005.

$$\boxed{\textbf{문법 속으로}}$$

Per ardua ad astra

(페르 아르두아 아드 아스트라)

지나서. 역경. 쪽으로. 별.

핵심 point

(복습하기) 라틴어 2변화 명사의 어미 변화를 알 수 있다.

ㅡ『혼자서도 공부할 수 있는 라틴어 문법』4강 복습.

1) 2변화 명사 남성형(단수/복수) 어미 변화

구분	어미 변화(단수)	발음	어미 변화(복수)	발음
주격	us	우스	i	이
속격	i	이	orum	오룸
여격	o	오	is	이스
목적격	um	움	os	오스
탈격	o	오	is	이스

구분	어미 변화(단수)	발음	어미 변화(복수)	발음
주격	us			
속격				
여격				
목적격				
탈격				

구분	어미 변화(단수)	발음	어미 변화(복수)	발음
주격	us			
속격				
여격				
목적격				
탈격				

2) 2변화 명사 남성형 어미 변화 암기 팁

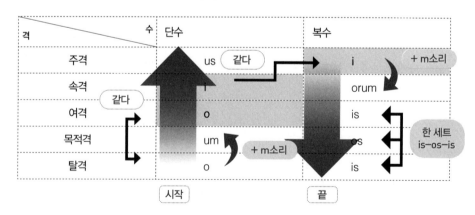

3) 2변화 명사 중성형(단수/복수) 어미 변화

① 중성형 단어는 단수이든 복수이든, 주격과 목적격이 항상 같다.

② 중성형 단어의 복수 주격과 목적격은 a(아)이다.

구분	어미 변화(단수)	발음	어미 변화(복수)	발음
주격	um	움	a	아
속격	i	이	orum	오룸
여격	o	오	is	이스
목적격	um	움	a	아
탈격	o	오	is	이스

구분	어미 변화(단수)	발음	어미 변화(복수)	발음
주격	um			
속격				
여격				
목적격				
탈격				

구분	어미 변화(단수)	발음	어미 변화(복수)	발음
주격	um			
속격				
여격				
목적격				
탈격				

4) 2변화 명사 "curriculum 커리큘럼" (※ 중성형 단어임)

구분	Curricul-(단수)	뜻	Curricul-(복수)	뜻
주격	curriculum	커리큘럼이	curricula	커리큘럼들이
속격	curriculi	커리큘럼의	curriculorum	커리큘럼들의
여격	curriculo	커리큘럼에게	curriculis	커리큘럼들에게
목적격	curriculum	커리큘럼을	curricula	커리큘럼들을
탈격	curriculo	커리큘럼을 가지고	curriculis	커리큘럼들을 가지고

구분	Curricul-(단수)	뜻	Curricul-(복수)	뜻
주격	curriculum			
속격				
여격				
목적격				
탈격				

구분	Curricul-(단수)	뜻	Curricul-(복수)	뜻
주격	curriculum			
속격				
여격				
목적격				
탈격				

14강

아베 마리아

Ave Caesar! Ave Maria!

카이사르 만세! 마리아여 안녕히!

(로마 황제 클라우디스, 성모송)

"아베"의 첫째 쓰임은 "만세", 즉 누군가를 경배하는 말입니다. 그리고 "안녕히/축하하며"와 같은 인사와 환영의 말로도 사용됩니다. 전자의 경우인 "아베 카이사르"는 [문장 속으로]에서 보겠습니다. 후자의 대표적인 예문으로는 "아베 마리아"를 들 수 있습니다. 이는 "마리아여 안녕히/기원하며"라는 뜻입니다.

"아베 마리아"는 가사에서 유추되는 바와 같이 성모 마리아를 성인으로 특별히 여기는 로마 가톨릭에서 부르는 성모송입니다. 그런데 이 곡은 우리 주위에서 놀랍도록 많이 불리고 들려 왔습니다. 이 곡은 20년 전 히트를 쳤던 드라마 "천국의 계단"의 OST이기도 했고, 영화 "미녀는 괴로워"에서 김아중이 부른 노래이기도 했습니다.

당시에 저는 그 노래들이 "아베 마리아"라는 것에 별로 관심이 없었습니다. 그런데 이제 와서 보니 그 드라마와 영화 장면에서 왜 성모송이 흘러나왔던 것인지, 맥락이 생각해 볼 만한 것이었습니다. 이 곡은 "천국의 계단"에서 권상우 씨가 무언가에 대한 염원을 가지고 뛰어갈 때 쓰였고, "미녀는 괴로워"에서 김아중 씨는 도약을 기대하는 가사의 절정에서 "아베 마리아"라고 외칩니다. 마리아를 기리며 간절함을 노래하는 사람이 있거나, 그 노래가 나올 만한 상황이 있었던 것입니다.

이는 인간이 무언가를 기대하고 갈망하는 존재이기에 나타나는 현상인듯 보입니다. 단순히 유행 때문인지는 모르겠지만, 2000년대에 불었던 성모송 열풍이 오늘날에는 더 이상 이어지고 있지 않습니다. 혹시나 현대인은 꿈꾸기나 바라기조차 포기해 버린 것은 아닌지 괜스레 염려가 됩니다.

당신은 무엇을 갈망합니까? 갈망조차 포기하지는 않았습니까?

바라는 좋은 일들이 이루어지기를, 우리 사회가 무언가를 꿈꿀 수 있는 세상이 되기를, 서로에게 따뜻한 우리가 되기를, 이웃이 다가올 때 언제라도 안녕하길 기원하며 "아베"라고 환영할 수 있기를 소원합니다.

문장 속으로

Ave Caesar! / Ave Maria!
(아베 카이사르 / 아베 마리아)
카이사르 만세! 마리아여 안녕히!(로마 황제 클라우디스, 성모송)

"아베 카이사르" 또는 "아베 임페라토르(Imperator, 황제)"는 "카이사르 만세" 또는 "황제 만세"로 옮겨지는 말입니다. 그리고 종종 뒤에 함께 나오는 문구 "죽을 자들이 당신께 경례합니다(morituri te salutant)"를 자연스럽게 암시합니다.

※ 아베 카이사르! 죽을 자들이 당신께 경례합니다

같이 쓰이던 이 두 표현은 로마 검투사들이 경기에 들어가기 전에 공식적/정규적 경례로서 외친 말로 잘못 알려져 왔습니다.
그러나 이는 로마 황제 클라우디우스(기원전 10~기원후 54)가 이미 사망 선고를 내린 자들을 모아 벌인 게임인 '나우마키아'에서 비롯됩니다.[*]
여기서 황제는 사망 선고자들로 하여금 황제 자신을 향해 자비를 구해 보도록 위 라틴 말하게 한 것입니다.[**]

[*] '나우마키아'(naumachia)는 당시 로마의 전투오락인 모의 해전입니다.

[**] 이 문구가 검투사의 말로 이해되는 것은 Suetonius의 *De Vita Caesarum*에서 기인했습니다. 그러나 본문 중에는 정확히 어떤 상황을 다루는 지에 대한 명확한 출처는 없이 나타나고 있습니다(Cassius Dio는 같은 사건을 그리스어로 *Roman History*에서 다룹니다). 관련된 고전적인 논의는 다음 내용에 바탕을 두고 있습니다. H. J. Leon, *Morituri te salutamus*, Transactions of the American Philological Association 70 (1939): 46-50.

사람이 사람에게 목숨을 구걸하게 하고, 사람이 목숨을 구걸하는 것을 보며 기뻐하는 사람이 있습니다.

이처럼 누군가는 힘과 권력으로 위에 있으려 하고 또 다른 누군가를 아래에 있게 하려 합니다.

"아베 카이사르"는 인간들 사이에 있는, 있어서는 안 될 엄청난 간격을 보여 줍니다.

슬프게도 인류 역사 중에는 신앙과 종교조차 계급화해서 사람을 압제하는 도구로 쓴 일도 있습니다. 그들의 손에 들렸던 성경은 '신의 형상으로 모든 사람이 지어졌다'는 수평성은 배제하고, '누군가는 더 특별하고 다른 누군가는 덜 특별하게 지어졌다'는 수직성의 구도로만 사용되었습니다.

그러나 진정한 종교성은 자기 안에 있는 자기는 비우고, 그 자리에 가득 채운 신의 뜻으로 이웃을 섬기는 데 있는 것이 마땅합니다.

이 시대에 정치와 종교가 나아갈 길은 어디에 있을까요?

Ave, Caesar! Ave Maria!

(아베, 카이사르, 아베 마리아)

카이사르 만세! 마리아여 안녕히!

핵심 point

라틴어 3변화 명사의 어미 변화를 알 수 있다.

−『혼자서도 공부할 수 있는 라틴어 문법』8강 pp. 117~121 설명 참고.

1) Ave "만세!" 또는 (인사나 환영의 뜻으로) "안녕히!"

2) 3변화 명사 "Caesar 카이사르" (※ 단수형만 먼저 연습)

구분	Caesar- (단수)	뜻	구분	Caesar- (단수)	뜻	구분	Caesar- (단수)	뜻
주격	caesar	카이사르가	주격	caesar		주격	caesar	
속격	caesaris	카이사르의	속격			속격		
여격	caesari	카이사르에게	여격			여격		
목적격	caesarem	카이사르를	목적격			목적격		
탈격	caesare	카이사르와 함께	탈격			탈격		

3) 3변화 명사 어미 변화

구분	어미 변화(단수)	발음	어미 변화(복수)	발음
주격		(불규칙)	es	에스
속격	is	이스	um	움
여격	i	이	ibus	이부스
목적격	em	엠	es	에스
탈격	e	에	ibus	이부스

구분	어미 변화(단수)	발음	어미 변화(복수)	발음
주격		(불규칙)		
속격	is			
여격				
목적격				
탈격				

구분	어미 변화(단수)	발음	어미 변화(복수)	발음
주격		(불규칙)		
속격	is			
여격				
목적격				
탈격				

4) 3변화 명사 어미 변화 암기 팁

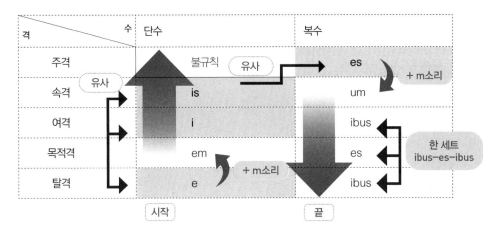

15강

비전(vison)을
생각하다

Domine, quo vadis?

주여, 어디로 가시나이까?

(요한복음 13:36)

이 문구는 종교를 막론하고, (결말이 어떻게 될지를 생각하면서 보는) 영화나 소설 등에서 여러 리메이크된 제목으로 사용되어 세간에 알려진 문구입니다. 라틴어 어근 vision-은 "시각" 또는 "보는 행위"를 뜻하는 말로 "개념", "상상", "환상" 그리고 (어떤 사물과 사태를 보는) "관점(觀點)"에 이르기까지 발전된 뜻을 가지고 있습니다. 이 관점이라는 말의 "(볼) 관(觀)"은 시각을 뜻하는 용어입니다. vision이라는 단어의 발전은 서구 사회가 시각을 중심으로 세상을 이해하려 해 온 경향을 보여 줍니다.

같은 맥락에서 "세계관"(worldview)은 "세상을 보는 시각(관점)"을 뜻하는 말입니다.* 이말은 삶을 보는 통합적 이해로서, 인생관(人生觀)이나 가치관(價値觀)을 대체하는 표현으로도 사용됩니다.

우리의 비전은 우리가 무언가를 향해 어떻게 앞을 '보면서' 나아갈지에 대한 것입니다. 즉, 우리가 보는 관점에 관한 것입니다. 한 예로 성경 인물인 아브라함은 어디로 가야 할지 몰랐음에도 불구하고 신의 부르심을 따라 이민길에 올랐고, 훗날 유대인과 이슬람인과 기독교인의 위대한 조상이 되었다고 합니다. 그는 이전까지는 험난한 것이라 여겨서 보거나 듣지 못했던 여정을, 무언가를 보게 해 준 어떤 비전으로 인해 나아갈 수 있었습니다. "아브람이 여호와의 말씀을 따라갔고"(창세기 12:4)라는 말에서 나타나듯, 아브라함에게 비전은 신의 말씀을 '봄'과 '상상함' 그리고 '관점으로 삼는 것'이었습니다.

우리 또한 무엇을 우리의 비전으로 삼을지 생각할 때, 사물이나 상황을 어떻게 보며 어떤 관점으로 살아갈지를 고려하면서 이 표현을 사용해 볼 수 있지 않을까요?

---

* 세계관이라는 말은 18세기 프로이센의 철학자 임마누엘 칸트(Immanuel Kant)가 사용한 이후 대중화되었습니다.

> Domine, quo vadis?
>
> (도미네 쿠오 바디스)
>
> 주여, 어디로 가시나이까?(요한복음 13:36)

Domine(도미네)는 Dominus(주님)을 부르는(call) 말로 "주여" 또는 "주님이시여"를 뜻합니다.* 어미가 −e일 때 누군가의 이름을 부르면서 사용될 수 있다는 것을 기억하면 됩니다.

quo(쿠오)는 의문 부사로 "어디로"(where)를 뜻합니다.

vadis(바디스)는 어미가 −s로서 "너는/당신은 갑니다" 입니다.** 의문형으로 쓰인 quo vadis는 "당신은 어디로 가십니까?"입니다.

> * 관련해서, 스페인어 domingo는 "주의 날", 즉 "주일(일요일)"을 뜻합니다.

> ** 스페인어 vado는 강을 건널 수 있게 해 주는 "건널목/여울"이 나 차의 통행을 위해 있는 (차량용)출입구"를 뜻하는 말입니다.

위 문구는 예수님에게 그의 제자인 베드로가 한 질문입니다. 자기의 스승이 어디로 가든 따르겠노라고 결연한 의지에 차서 말입니다. 한편 베드로는 예수님으로부터 닭 울기 전 세 번 자신을 부인할 것이라는 말을 듣습니다.

그리고 그 말은 실제가 됩니다. 예수님이 붙잡힌 뒤 자신의 신변을 보호하기 위해 베드로가 세 번째 거짓말을 하고 예수님을 저주하던 때에 닭이 운 것입니다.

"그가 저주하며 맹세하여 이르되 나는 그 사람을 알지 못하노라 하니 곧 닭이 울더라 이에 베드로가 예수의 말씀에 닭 울기 전에 네가 세 번 나를 부인하리라 하심이 생각나

서 밖에 나가서 심히 통곡하니라"(마태복음 26:74-75/개역개정)

닭 우는 소리가 베드로에게 예수님의 말씀을 새롭게 깨우치는 결정적 계기로 작용했습니다.

앞서 우리는 비전이라는 말을 통해 시각과 삶의 관계를 생각했습니다. 이어서는 청각이 가진 삶과의 관련성을 생각해 봅시다.

그리스 로마 전통과 더불어 서구 사회의 또 다른 중요한 뿌리인 "히브리 전통"은 청각을 중심으로 하는 경향을 보입니다. 성경 읽기의 전통을 보면 당시에는 책이 많이 없었기 때문에 발화자를 중심으로 함께 모여 책을 "들었습니다." 즉, 성경은 읽기(reading)보다 듣기(listening)에 가까운 것이었습니다. 듣기는 시간의 흐름(역사)을 따라 진행되는 것으로서 그에 대한 강조는 유대교와 기독교가 역사(와 그것에 대한 해석)를 강조하는 공동체가 된 이유 중 하나가 됩니다.[*]

관련해서 "미리/앞서 보는 자"(선지자)로 불린 이들의 행적 또한 "말씀을 대언하는 것"(대언자)이었습니다. 사실 선지자를 뜻하는 히브리어 "나비"(נָבִיא)는 어원적으로 '신의 부름을 받은 자'를 뜻합니다.[**] 한편 후대에 이들의 일은 과도하게 미래를 예측하여 미리 '보는 것'에만 그 관심이 모이게 됩니다. 그러나 이 단어의 어원과 이 말이 쓰인 문맥은 기본적으로 신의 뜻을 전함, 즉 소리 이미지로 이루어진 것이었습니다.

> [*] 관련된 시간과 역사에 대한 비슷한 유의 통찰을 대표적인 현대 프랑스 철학자 중 하나인 폴 리꾀르(1913~2005)의 저작들을 통해 확인해 볼 수 있습니다.

> [**] 이는 고대 근동 메소포타미아 지역 주요 언어 중 하나인 아카드어(nabû)와 관련이 있는 단어입니다.

앞서 "비전"이라는 단어를 통해서 본 바와 같이, 삶은 "보는 것"으로 의미 있게 설명됩니다. 그러나 삶의 태도는 시각적 측면으로 제한되지 않습니다. 즉, 아는 것, 보는 것뿐만 아니라 듣는 것, 전해진 것을 통해서도 우리 삶은 형성됩니다. 신이 불러 세운 이의 책무 역시 보여 주는 것과 더불어 들려주는 데 큰 방점이 있었습니다.

때로 "봄"은 자기중심성을 드러내기도 하지만 "들음"은 상대방을 중시하는 태도가 되기도 합니다. 들음은 봄이 하지 못하는 일을 할 수도 있고, 우리를 깨우치는 좋은 도구가 되기도 할 것입니다. 즉, 봄과 들음은 우리 삶의 나아갈 방향을 제시해 주는 데 상보적으로 유익한 도구가 될 수 있는 것이며, 되어야 하는 것입니다.

문법 속으로

Domine, quo vadis?
(도미네 쿠오 바디스)
주(인)님. 어디로. 당신은 간다.

....

핵심 point

라틴어 3변화 명사 중성형의 어미 변화를 알 수 있다.

－『혼자서도 공부할 수 있는 라틴어 문법』8강 pp. 122~124 설명 참고.

---

1) Domine 주여, 주님이시여(Dominus를 부를 때 쓰는 말) cf. 2변화 명사(호격): ～e

2) quo 어디로(의문부사 where)

3) vadis 너는 간다(주어가 2인칭 단수).

4) 3변화 명사 "vision 봄, 시각, 관점" (※ 3변화 명사 복습)

구분	Visio-(단수)	뜻	Visio-(복수)	뜻
주격	visio	관점이	visiones	관점들이
속격	visionis	관점의	visionum	관점들의
여격	visioni	관점에게	visionibus	관점들에게
목적격	visionem	관점을	visiones	관점들을
탈격	visione	관점을 가지고	visionibus	관점들을 가지고

구분	Visio-(단수)	뜻	Visio-(복수)	뜻
주격	visio			
속격				
여격				
목적격				
탈격				

구분	Visio-(단수)	뜻	Visio-(복수)	뜻
주격	visio			
속격				
여격				
목적격				
탈격				

5) 2변화 명사 중성형과 3변화 명사 중성형 어미 변화 비교

구분 남성형		2변화명사		3변화명사		
		중성형	남/여성형	중성형		
단수	주격	us	um	–	–	불규칙
	속격	i	i	is	is	이스
	여격	o	o	i	i	이
	목적격	um	um	em	–	불규칙
	탈격	o	o	e	e	에
복수	주격	i	a	es	a	아
	속격	orum	orum	um	um	움
	여격	is	is	ibus	ibus	이부스
	목적격	os	a	es	a	아
	탈격	is	is	ibus	ibus	이부스

6) 3변화 명사 중성형 어미 변화

구분	어미 변화(단수)	발음	어미 변화(복수)	발음
주격	–	불규칙	a	아
속격	is	이스	um	움
여격	i	이	ibus	이부스
목적격	–	불규칙	a	아
탈격	e	에	ibus	이부스

구분	어미 변화(단수)	발음	어미 변화(복수)	발음
주격	–	불규칙		
속격	is			
여격				
목적격				
탈격				

구분	어미 변화(단수)	발음	어미 변화(복수)	발음
주격	–	불규칙		
속격	is			
여격				
목적격				
탈격				

4부

삶을 삶 되게
하는 것

16강

삶의 기술

Mater artium necessitas.

필요는 기술들의 어머니입니다

(아풀레이우스, 로마 속담).

우리는 어떤 필요가 생길 때, 그에 관한 기술을 연마하게 됩니다. 또 모국어 외에 다른 외국어를 읽고 쓰고 말하고자 하는 필요를 느낄 때 그 언어를 기술로서 배우고 익히게 됩니다.

한편 오늘날 세상은 모든 것이 빠르게 지나가며 달라지고 있습니다. 그러다 보니 실용성과 효용성만이 미덕으로 여겨질 때가 많습니다. 누군가에게 라틴어는 마치 이미 죽어버렸거나, 사라진 것처럼 보입니다.

그러한 시대 속에서 우리는 이 라틴어를 공부하고 있습니다. 우리에게 라틴어 공부는 어쩌면 빠름이 아닌 느림의 가치를, 익숙함이 아닌 낯섦의 관점을 추구해 보는 것입니다. 모두가 서둘러 달려가는 시대의 편승된 가르침에서 눈을 돌려, 사어인 라틴어를 통해 오늘을 다시 생각해 보고 있다는 점에서 그렇습니다. 이렇게 멈추어 서서 생각하고 돌아봄으로써 우리는 우리의 삶을 한 번 더 가치 있게 합니다. 우리의 삶을 사랑하는 하나의 기회로 만듭니다. 라틴어가 삶의 필요를 위한 기술이 될 수도 있습니다.

여러분은 삶의 자리에서 준비하고 계획하여 얻고자 하는 어떤 필요들을 가지고 있나요? 바라기는 그 필요들이 여러분의 삶을 풍요롭게 하는 적절한 계기들이 되길, 삶을 생각하는 여러분의 여러 필요들이 삶의 의미로 깃들어질 만한 것이길 기대합니다.

Mater artium /necessitas.
(마테르. 아리티움. /네케씨타스)
필요는 기술들의 어머니입니다(아풀레이우스, 로마 속담)

플라톤 학파의 영향을 받은 로마 소설가 아풀레이우스의 표현입니다. 이 문장은 이곳저곳에서 속담처럼 쓰였습니다.*

> * 이 문구에 대한 최초 기록은 William Horman(1458~1535)의 라틴어 격언 모음집 *Vulgaria*에서 발견됩니다.

한편 영어로 비슷한 뜻을 나타내는 "Necessity is the mother of invention(필요는 발명의 어머니이다)"는 그 원조를 플라톤으로 봅니다. *Republic*에서 그가 먼저 그리스어로 이 말을 했기 때문입니다.

Mater(마테르)는 영어의 mother(마더), 즉 "엄마"가 떠오르는 단어입니다.

놀라운 점은 m-(음)이 전 세계 수많은 언어들의 "엄마"를 뜻하는 말에 들어 있다는 것입니다(일단 한국어 "엄마"에도 "m(ㅁ)"이 두 번 들어갑니다).

독일어(Mutter), 스페인어(madre), 프랑스어(mère), 이탈리아어(madre), 네덜란드어(moeder)와 같은 유럽의 언어뿐만 아니라 중국어(妈妈[māmā]), 러시아어(Мать), 힌디어(माँ [maan]), 아랍어(أم['um]), 히브리어(אם['m]), 그리스어(μήτηρ[mḗtēr], 현대 그리스어는 μητέρα) 등에서도 마찬가지입니다(이것은 저 자신이 이 언어들을 하나씩 공부해 나가면서 알게 된 즐거운

발견 중 하나입니다).[*]

아기들이 태어나서 가장 쉽게 발음할 수 있는 발음들(ㅁ, ㅂ, ㅍ) 중 엄마 아빠라는 명칭이 붙게 된 것이 아닐까 합니다. 다루지는 않았지만 아빠(father)도 발음을 공유하는 언어가 많습니다.

* 애칭으로 부르는 영어의 mama나 mom버전으로 보면 더 비슷합니다. 가령 프랑스어는 "maman"(마망), 이탈리아어는 "mamma"(맘마), 아랍어는 "ﻣﺎﻣﺎ"(마마)입니다.
일본어는 엄마를 보통 "okasan"(오카상, お母さん)이라고 하지만 아기들이 부르는 경우는 "마마"(マ マ)라고 합니다.

artium의 사전형은 "ars-artis 기술"입니다. 이는 주격을 ars(기술이)로 하고 속격부터 변화는 art-를 기본으로 한다는 것입니다. 여기서는 복수 속격 형태(~들의)로 쓰여 "기술들의"를 뜻합니다. 이 라틴어 단어는 신체·정신적 활동을 모두 포괄하는 "기술", "기교", "학문" 등 다방면의 전문적 능력(skill)을 뜻하는 말로 쓰입니다. 한편 오늘날 영어나 프랑스어의 art나 스페인어와 이탈리아어의 arte는 주로 "예술"이나 "미술"을 뜻하는 것으로 국한되고 있습니다.^{**}

** 기술(art)의 뜻을 부분적으로 보존하는 것으로 보이는 영어 단어로는 artisan(장인)을 떠올려 볼 수 있습니다.

necessitas는 영어 단어 necessary(필요한)가 생각나는 단어로, "필요"를 뜻하는 라틴어 명사입니다. "필요"(necessitas)를 주어로 삼아서 그것이 "기술들의 어머니"(Mater artium), 즉 "기술이 있기 전에 먼저 있는 (있어야 할) 것"이라는 의미로, "필요는 기술들의 어머니이다"입니다. 여기서 라틴어 be동사 est(~이다)는 생략되어 있습니다.

기술들이 있기 전에 먼저 필요가 있습니다. 필요는 기술을 발명하는 기초입니다. 필요가 없이는 기술이 없습니다. 무엇이 필요한지를 알면 어떤 기술이 필요한 지도 알 것입니다.

문법 속으로

Mater artium necessitas.

(마테르. 아리티움. 네케씨타스)

어머니. 기술들의. 필요.

....

핵심 point

(i의 힘이 강한) 라틴어 3변화 명사의 어미 변화를 알 수 있다.

－『혼자서도 공부할 수 있는 라틴어 문법』8강 pp. 123~124 설명 참고.

1) (복수 속격에서 i의 힘이 강한) 3변화 명사 "ars 기술"

※ 3변화 명사 중에서 이처럼 i의 힘이 강하게 나타나는 단어들은 별도로 알아 두어
야 합니다.

※ 도움이 되는 팁 중 하나는 단수 속격(이 경우 artis) is 앞에 자음이 두 개 이상(rt) 나란
히 나올 경우, 복수 속격은 ium(artium)이 된다는 것입니다.

구분	Ars(t)—(단수)	뜻	Ars(t)—(복수)	뜻
주격	ars	기술이	artes	기술들이
속격	artis	기술의	artium	기술들의
여격	arti	기술에게	artibus	기술들에게
목적격	artem	기술을	artes	기술들을
탈격	arte	기술을 가지고	artibus	기술들을 가지고

구분	Ars(t)—(단수)	뜻	Ars(t)—(복수)	뜻
주격	ars			
속격	art—			
여격				
목적격				
탈격				

구분	Ars(t)—(단수)	뜻	Ars(t)—(복수)	뜻
주격	ars			
속격	art—			
여격				
목적격				
탈격				

2) (i의 힘이 강한) 3변화 명사 "exemplar 예시, 본보기" (※ 중성형 단어임)

※ 중성형 단어의 특징을 생각하면서 이 단어의 변화 중 i가 두드러지는 부분을 중심
으로 연습합니다.

구분	Examplar—(단수)	뜻	Examplar—(복수)	뜻
주격	exemplar	본보기가	exemplaria	본보기들이
속격	exemplaris	본보기의	exemplarium	본보기들의
여격	exemplari	본보기에게	exemplaribus	본보기들에게
목적격	exemplar	본보기를	exemplaria	본보기들을
탈격	exemplare	본보기를 가지고	exemplaribus	본보기들을 가지고

구분	Examplar—(단수)	뜻	Examplar—(복수)	뜻
주격	exemplar	본보기가		
속격				
여격				
목적격				
탈격				

구분	Examplar—(단수)	뜻	Examplar—(복수)	뜻
주격	exemplar	본보기가		
속격				
여격				
목적격				
탈격				

17강

사람을 길어내는 슬기

Sicut aqua profunda consilium in corde viri,

Sed homo sapiens exhauriet illud.

사람의 마음에 있는 계획은 깊은 물과 같지만

슬기로운 사람은 그것을 끌어냅니다(잠언 20:5).

"슬기로운 의사생활"(2020~2021)은 의사들을 주인공으로 하는 드라마입니다. 작중 내용은 각자 사연을 가진 환자들이 이들에게 진료를 받는 가운데 일어나는 에피소드들로 구성되어 있습니다.

그런데 이 의사들의 말과 행동이 어찌나 바른 판단과 적절한 대처로 빛나는지요. 이들의 '따뜻한 슬기'는 그야말로 의사뿐만 아니라 모든 인간의 본보기로 느껴집니다.

점점 더 각박해져 가는 세상 속에서 이와 같은 슬기는 우리에게 감동을 안겨 줍니다. 우리 세상은 자기 삶에 대한 선택적 과시를 시전하며, 서로에 대한 비교우위를 점하려 하는 데 바쁩니다. 이런 곳에서는 내면에 대한 성찰과 이웃을 있는 그대로 받아들이는 성실을 훈련하기가 어렵습니다. 이와 같은 때에 '슬기'는 자기 본연의 힘을 키우고 타인의 내면을 바라보는 것과도 관련이 있습니다. 이는 돈과 명예와 경쟁으로 치닫는 세상을 사는 우리에게 더욱 필요한 덕목이 됩니다.

외적 가치로 인간을 증명하고 평가하는 일이 부쩍 많아지고 있는 우리에게 있어서 '슬기'란 어떤 가치로 자리매김될 수 있을지, 되어야 할지를 생각합니다.

타인의 내면에 깃든 긍정적 면모를 주목해 주고, 그 마음을 삶으로 이끌어 내 주는 사람. 즉, 좋은 마음을 길러 내 주는 사람, 그 안을 들여다보기조차 두려운 상처를 가진 이마저 따뜻하게 대해 줄 사람, 단단히 뭉친 슬픔과 고통을 꺼내놓아도 괜찮다고 해 줄 사람, '사람을 길러 내는 슬기'를 가진 사람. 이런 사람들이 많아질수록 이 세상은 '살만한 세상'이라고 말할 수 있게 되겠지요.

> Sicut aqua profunda / consilium in corde viri.
> 시쿠트 아쿠아 프로푼다 / 콘실리움 인 코르데 비리
> 사람의 마음에 있는 계획은 깊은 물과 같지만
>
> Sed homo sapiens / exhauriet illud.
> 세드 호모 사피엔스 / 엑스하우리에트 일루드
> 슬기로운 사람은 그것을 끌어냅니다(잠언 20:5).

여기서 Sicut(시쿠트)는 "~하듯이" 또는 "~와 같이"라는 뜻으로 쓰입니다. 이 단어는 영어의 as를 떠올리면 되는데, 비유적인 표현을 할 때 사용됩니다.

aqua(아쿠아)는 "물"을 뜻합니다. 일상에서 쉽게 접할 수 있는 "아쿠아리움"(aquarium, 수족관)이나 "아쿠아슈즈"(aqua-shoes) 또는 "아쿠아필드"(aqua-field)라는 말의 뿌리가 됩니다.

라틴어 형용사 profunda(프로푼다)는 "깊은"(deep) 또는 "심오한"(profound)을 뜻합니다.* 형용사는 수식하는 명사와 격(과 수와 성)을 일치시키기에 profund 뒤에 aqua처럼 -a를 붙였습니다. Sicut aqua profunda는 "깊은 물과 같이"입니다. 이제 무엇이 깊은 물과 같다고 말하는지를 살펴봅시다.

* 오늘날 스페인어와 프랑스어 그리고 이탈리아어에서 profu(o)nd- 역시 같은 의미를 전달하고 있습니다.

consilium(콘실리움)은 "계획", "의도", "목적", (숙고에 따른) "결론"과 같은 뜻을 갖습니

다. 또한 발음이 유사한 영어 단어인 council("평의회"/"의원회")이라는 뜻으로 쓰일 때도 있습니다.

> consillim   1. 계획 2. 의도 3. 목적 4. 결론 5. 평의회/심의회

이어서 corde(코르데)는 어근을 cor로 하여 "심장"(비유적으로는 마음이나 영혼)을 가리키는 말입니다. 영어에서 core(중심부, 핵심)가 여기서 나왔습니다. (마음의) 힘을 북돋게 하거나 잃게 만든다는 뜻을 가진 영어 단어 encourage나 discourage에서도 이 어근이 확인됩니다.

viri(비리)는 "사람의 분노는 신의 정의를 이루지 못한다"(Ira viri iustitiam Dei non operatur)라는 문구에서 이미 본 단어입니다. "사람의"를 뜻합니다.

> Sicut aqua profunda
> ~듯이/같이. 물. 깊은. → 깊은 물과 같다
> consilium in corde viri,
> 계획. ~안에. 마음. 사람의. → 사람의 마음에 있는 계획이

Sed(세드)는 but(그러나)를 뜻합니다.

homo(호모)는 viri와 별 차이 없이 "사람"을 뜻하는 말로 쓰이며 vir는 영어 단어 man에, homo는 human에 좀 더 뉘앙스가 가깝습니다.

sapiens(사피엔스)는 본래 "맛이 있다"(sapio)라는 동사에서 나온 형태이나 (맛을 잘 분별한다는 점에서) "현명한/분별력 있는"(sensible)이라는 발전된 뜻으로 쓰입니다.[*]

오늘날에는 homo sapiens(호모 사피엔스)가 그 자체로 현생 인류를 뜻하여 "슬기로운 인류"를 가리킵니다. 그러나 여기서는 "슬기로운 사람"을 특정해서 지칭하는 말로 이해해야 합니다.

exhauriet(엑스하우리에트)는 exhaurio동사("끌어내다")를 미래형으로 쓴 것입니다. 여기서 ex(엑스)는 "밖으로" 벗어남을 뜻하는 라틴어 접두사입니다. (에너지를 밖으로 다 끌어내쓴 상태를 가리키는) 영어 단어 exhaust(다 써버리다, 지치다)는 이 라틴어 단어를 기억하는 데 도움을 줍니다.

※ 접두사 ex가 들어간 영어 단어

ex(밖으로) + hale(숨 쉬다) = exhale 숨을 내쉬다

ex(밖으로) + pose(두다) = expose 바깥에 두다(폭로하다)

ex(밖으로) + tract(끌어당기다) = extract 뽑다, 추출하다

ex(밖으로) + pand(펴다, 뻗다) = expand 확장하다, 팽창하다

마지막 단어 illud(일루드)는 지시대명사(that)입니다. 여기서는 무언가를 지시하며 가리키는 대명사(명사를 대신하여 쓰는 말)라는 그 쓰임에 따라 "그것을"로 번역합니다. 이로써 이 단어는 앞서 언급된 명사 "(사람의 마음 안에 있는) 계획"을 지칭하게 됩니다.

Sed homo sapiens
그러나 슬기로운 사람은

exhauriet illud.
그것(계획을)을 밖에 끌어낼 것이다.

Sicut aqua profunda(깊은 물과 같다) consilium(계획은) in corde viri(사람의 마음에 있는),

Sed(그렇지만) homo sapiens(슬기로운 사람은) exhauriet(끌어낸다) illud(그것을).

문법 속으로

Sicut aqua profunda consilium in corde viri,
(시쿠트 아쿠아 프로푼다 콘실리움 인 코르데 비리
~듯이/같이. 물. 깊은. 계획. ~안에. 마음. 사람의.

Sed homo sapiens exhauriet illud.
세드 호모 사피엔스 엑스하우리에트 일루드)
그러나. 사람. 슬기로운. 끌어낸다. 그것을.

핵심 point

라틴어 1/2변화 형용사의 어미 변화를 알 수 있다.

-『혼자서도 공부할 수 있는 라틴어 문법』9강 pp. 130~134 설명 참고.

1) 1/2변화 형용사 어미 변화

구 분		1/2변화 형용사		
		남성형	여성형	중성형
단수	주격	us	a	um
	속격	i	ae	i
	여격	o	ae	o
	목적격	um	am	um
	탈격	o	a	o
복수	주격	i	ae	a
	속격	orum	arum	orum
	여격	is	is	is
	목적격	os	as	a
	탈격	is	is	is

구 분		1/2변화 형용사		
		남성형	여성형	중성형
단수	주격	us	a	um
	속격			
	여격			
	목적격			
	탈격			
복수	주격			
	속격			
	여격			
	목적격			
	탈격			

구 분		1/2변화 형용사		
		남성형	여성형	중성형
단수	주격	us	a	um
	속격			
	여격			
	목적격			
	탈격			
복수	주격			
	속격			
	여격			
	목적격			
	탈격			

2) 1/2변화 형용사 "profund– 깊은"(profundus, profunda, profundum)

구 분		1/2변화 형용사		
		남성형	여성형	중성형
단수	주격	profundus	profunda	profundum
	속격	profundi	profundae	profundi
	여격	profundo	profundae	profundo
	목적격	profundum	profundam	profundum
	탈격	profundo	profunda	profundo
복수	주격	profundi	profundae	profunda
	속격	profundorum	profundarum	profundorum
	여격	profundis	profundis	profundis
	목적격	profundos	profundas	profunda
	탈격	profundis	profundis	profundis

구 분		1/2변화 형용사		
		남성형	여성형	중성형
단수	주격	profundus	profunda	profundum
	속격			
	여격			
	목적격			
	탈격			
복수	주격			
	속격			
	여격			
	목적격			
	탈격			

구 분		1/2변화 형용사		
		남성형	여성형	중성형
단수	주격	profundus	profunda	profundum
	속격			
	여격			
	목적격			
	탈격			
복수	주격			
	속격			
	여격			
	목적격			
	탈격			

3) 수식하는 형용사와 수식받는 명사

※ 형용사와 명사의 격/수/성을 일치시킨다는 것을 유의해봅니다.

구 분		1변화 명사 여성형		1/2변화 형용사 여성형		뜻
단수	주격	aqua	물이	profunda	깊은 ～이	깊은 물이
	속격	aquae	물의	profundae	깊은 ～의	깊은 물의
	여격	aquae	물에게	profundae	깊은 ～에게	깊은 물에게
	목적격	aquam	물을	profundam	깊은 ～를	깊은 물을
	탈격	aqua	물을 가지고	profunda	깊은 ～을 가지고	깊은 물을 가지고
복수	주격	aquae	물들이	profundae	깊은 ～들이	깊은 물들이
	속격	aquarum	물들의	profundarum	깊은 ～들의	깊은 물들의
	여격	aquis	물들에게	profundis	깊은 ～들에게	깊은 물들에게
	목적격	aquas	물들을	profundas	깊은 ～들을	깊은 물들을
	탈격	aquis	물들을 가지고	profundis	깊은 ～들을 가지고	깊은 물들을 가지고

구 분		1변화 명사 여성형		1/2변화 형용사 여성형		뜻
단수	주격	aqua		profunda		
	속격					
	여격					
	목적격					
	탈격					
복수	주격					
	속격					
	여격					
	목적격					
	탈격					

구 분		1변화 명사 여성형		1/2변화 형용사 여성형		뜻
단수	주격	aqua		profunda		
	속격					
	여격					
	목적격					
	탈격					
복수	주격					
	속격					
	여격					
	목적격					
	탈격					

18강

몸을 소중히

Mens sana in corpore sano.

건강한 몸에 건전한 정신이 있기를

(유베날리스, *Satura X*, 356행).

모유를 찾는 아기가 인간의 몸의 소중함을 일깨워 줍니다.
2시간마다 아기는 엄마 몸에서 만들어진 밥을 먹습니다.
저는 몸이 위대한 신의 작품임을 새삼스럽게 실감합니다.
배고픈 신생아 앞에서 아빠의 앞선 열정이 무력해질 때마다
엄마 몸에 붙어 젖을 빠는 아기는 세상의 평화를 얻습니다.

문득 몸이 욕망의 대상일 수 있다는 사실이 끔찍하게 느껴집니다.
자기 몸뿐만 아니라 남의 몸도 소중히 여기는 세상이어야겠죠.
이를 위해 인간이 할 수 있는, 해야 할 일은 무엇일까요?
무엇보다 몸을 함부로 대하는 말과 행동이 어딘가 남아 있다면
반성하고 돌이킬 깨달음과 실천의 시간이 찾아오길 바랍니다.

> Mens sana / in corpore sano.
>
> (멘스 사나 / 인 코르포레 사노)
>
> 건강한 몸에 건전한 정신이 있기를(유베날리스, *Satura X*, 356행).

로마의 풍자 시인 유베날리스가 한 말입니다. 본래는 건강한 몸에 '건전한 정신도' 있어야 한다는 맥락에서 '정신'을 강조하며 쓴 말입니다. 한편 이 말은 시간이 갈수록 건전한 정신과 더불어 '건강한 육체가' 필요하다는 뉘앙스로 바뀌었습니다.

이 문구의 첫 글자만 유사한 단어인 anima(정신)로 바꾸어 쓰면 운동화 브랜드인 아식스(ASIC, Anima Sana In Corpore Sano)가 됩니다.

Mens(멘스)는 마음이나 생각으로 하는 정신적 활동을 뜻합니다. "정신"/"마음" 정도로 옮겨 보겠습니다. 한국어로도 자주 쓰는 mental(멘탈)이라는 영어 단어를 떠올려 볼 수 있습니다.[*]

> [*] 스페인어와 프랑스어도(그리고 독일어도 가끔) mental로 씁니다. 이탈리아어로는 mentale입니다.

sana(사나)는 san-를 어근으로 하는 1/2변화 형용사(sanus, sana, sanum)입니다. 이 단어는 2가지 뜻, 즉 육체적인 면을 설명할 때 쓰면 "건강한"으로, 정신적인 부분을 가리키면 "건전한"으로 쓰입니다. 영어 단어 insane은 "제정신이 아닌"을 뜻하는 말로 sane(제정신인)의 부정어입니다.[**]

> [**] 참고로 영어권에서는 원어민들이 툭하면 "That's insane(또는 That's crazy)"라는 말을 씁니다. 이는 (한국말의) "헐/미쳤다"에 대응하는 말입니다.

"Mens sana"(멘스 사나)는 "건전한 정신"을 뜻합니다. mens가 3변화 명사 여성 주격 형태의 단어이기 때문에 형용사 san-는 san-a(여성 주격, -a)로 씁니다.

이어서 나오는 라틴어 in은 영어의 in처럼 "~안에/~에"를 뜻하며 그 뒤에는 탈격이나 목적격이 나옵니다.

corpore(코르포레)는 in 뒤에 나와서 기본형 corpus(몸)를 탈격 형태로 쓴 것입니다. in corpore는 "몸 안에/몸에"입니다.*

> * 이 corpus는 영어나 한국어로 "코퍼스"로 불리는 말과 같은 철자입니다. 이는 주로 언어학에서 사전 편찬이나 컴퓨터 작업을 하기 위해 표본으로 추출하는 일명 '단어 모음'(말뭉치)을 뜻합니다.

※ 라틴어 단어 corpus와 한자 "몸체(體)"

영어 단어 corporate는 "공동체의/기업체의"라는 뜻입니다. 여기에 "몸 체(體)"라는 말이 라틴어에 근거합니다. 참고로, 관련된 프랑스어 corps에는 "몸", "육체", "단체"라는 뜻이 모두 담겨 있습니다.**

가톨릭교의 축일 중 "성체축일"을 의미하는 "Corpus Christi"라는 말은 그 자체로 "그리스도의 몸"(body of christ), 즉 성체(聖體)를 뜻합니다.

> ** 영어의 corps의 경우 (군대의) "군단"이나 (특정 업무를 함께 수행하는) "단체"라는 뜻으로 씁니다.

또한 배란 후 임신을 준비하는 난소의 호르몬 중 하나인 Corpus luteum(황체)는 의학 용어로서 라틴어 "몸"과 "황색 빛의"(lute-)의 합성어로 씁니다.

마지막 단어 sano는 corpus가 중성형 단어이고 탈격 형태로 쓰여 그에 맞게 -o(중성 탈격)로 한 것입니다. "in corpore sano"는 "건강한 몸에"를 뜻합니다. "건강한 몸에"(in corpore sano) "건전한 정신이"(Mens sana)이 "있기를"(생략된 말 est) 바란다는 것입니다.

문법 속으로

Mens sana in corpore sano.

(멘스 사나 인 코리포레 사노)

정신. 건전한. ~에. 몸,육체 건강한.

....

핵심 point

(복습하기) 라틴어 1/2변화 형용사의 어미 변화를 알 수 있다.

─『혼자서도 공부할 수 있는 라틴어 문법』9강 pp. 130~134 설명 참고.

1) 1/변화 형용사 "san– 건강한"(sanus, sana, sanum)

구분		1/2변화 형용사		
		남성형	여성형	중성형
단수	주격	sanus	sana	sanum
	속격	sani	sanae	sani
	여격	sano	sanae	sano
	목적격	sanum	sanam	sanum
	탈격	sano	sana	sano
복수	주격	sani	sanae	sana
	속격	sanorum	sanarum	sanorum
	여격	sanis	sanis	sanis
	목적격	sanos	sanas	sana
	탈격	sanis	sanis	sanis

구분		1/2변화 형용사		
		남성형	여성형	중성형
단수	주격	sanus	sana	sanum
	속격			
	여격			
	목적격			
	탈격			
복수	주격			
	속격			
	여격			
	목적격			
	탈격			

구분		1/2변화 형용사		
		남성형	여성형	중성형
단수	주격	sanus	sana	sanum
	속격			
	여격			
	목적격			
	탈격			
복수	주격			
	속격			
	여격			
	목적격			
	탈격			

2) 수식하는 형용사와 수식받는 명사 ①

구 분		3변화 명사 여성형		1/2변화 형용사 여성형		뜻
단수	주격	mens	정신이	sana	건전한 ~이	건전한 정신이
	속격	mentis	정신의	sanae	건전한 ~의	건전한 정신의
	여격	menti	정신에게	sanae	건전한 ~에게	건전한 정신에게
	목적격	mentem	정신을	sanam	건전한 ~을	건전한 정신을
	탈격	mente	정신을 가지고	sana	건전한 ~을 가지고	건전한 정신을 가지고
복수	주격	mentes	정신들이	sanae	건전한 ~들이	건전한 정신들이
	속격	mentium	정신들의	sanarum	건전한 ~들의	건전한 정신들의
	여격	mentibus	정신들에게	sanis	건전한 ~들에게	건전한 정신들에게
	목적격	mentes	정신들을	sanas	건전한 ~들을	건전한 정신들을
	탈격	mentibus	정신들에	sanis	건전한 ~들에	건전한 정신들에

구 분		3변화 명사 여성형		1/2변화 형용사 여성형		뜻
단수	주격	mens		sana		
	속격					
	여격					
	목적격					
	탈격					
복수	주격					
	속격					
	여격					
	목적격					
	탈격					

구 분		3변화 명사 여성형		1/2변화 형용사 여성형		뜻
단수	주격	mens		sana		
	속격					
	여격					
	목적격					
	탈격					
복수	주격					
	속격					
	여격					
	목적격					
	탈격					

3) 수식하는 형용사와 수식 받는 명사 ②

구 분		3변화 명사 중성형		1/2변화 형용사 중성형		뜻
단수	주격	corpus	몸이	sanum	건강한 ~이	건강한 몸이
	속격	corporis	몸의	sani	건강한 ~의	건강한 몸의
	여격	corpori	몸에게	sano	건강한 ~에게	건강한 몸에게
	목적격	corpus	몸을	sanum	건강한 ~을	건강한 몸을
	탈격	corpore	몸에	sano	건강한 ~을 가지고	건강한 몸에
복수	주격	corpora	몸들이	sana	건강한 ~들이	건강한 몸들이
	속격	corporum	몸들의	sanorum	건강한 ~들의	건강한 몸들의
	여격	corporibus	몸들에게	sanis	건강한 ~들에게	건강한 몸들에게
	목적격	corpora	몸들을	sana	건강한 ~들을	건강한 몸들을
	탈격	corporibus	몸들에	sanis	건강한 ~들을 가지고	건강한 몸들에

구 분		3변화 명사 중성형		1/2변화 형용사 중성형		뜻
단수	주격	corpus		sanum		
	속격					
	여격					
	목적격					
	탈격					
복수	주격					
	속격					
	여격					
	목적격					
	탈격					

구 분		3변화 명사 중성형		1/2변화 형용사 중성형		뜻
단수	주격	corpus		sanum		
	속격					
	여격					
	목적격					
	탈격					
복수	주격					
	속격					
	여격					
	목적격					
	탈격					

19강

작은 것에서 시작되는 모든 일

Omnium rerum principia parva sunt.

모든 것의 시작은 작습니다

(키케로, *De Finibus Bonorum et Malorum*, 5, 21, 58).

라틴어 공부를 처음 시작하던 때가 생각난다. 책을 펴고 표를 하나씩 외워 가던 그 때가. 그러다 보니 어느 날부터인가 무슨 배짱에서인지 라틴어에 관심 있는 학생들을 불러 모아 라틴어를 가르치고 있었다. 학생들과 책 한 권을 뗐고, 과외 활동을 이어갔으며, 머지 않아 학교에서 강의를 하게 되었다. 라틴어 명사 변화를 암기하던 내가 수업도 하고 책도 냈다. 아직 낯설고 신기한 일이다. 계속해서 작은 계획과 실천들이 이어지고 있다.

취미가 생업이 되었다는 말을 들어본 적이 있다. 하고 있던 일을, 소소했던 그 성취의 결과들로 새로이 단장하게 되었다는 이야기를 들어보곤 했다. '설마 내 이야기가 그 작은 사례 중 하나가 될 수도 있을까'라는 생각을 할 때마다, 조금은 떨리기도 하고 짜릿하기도 했다.

새로운 언어를 배우는 것이 취미가 되었다. 하루 일과 중 단 10분만을 투자해 반복하며 공부한다. 고작 10분을 말이다. 10분씩 6개월이 지날 즈음 알파벳과 발음이 눈과 귀에 들어(들려)오기 시작했다. 그렇게 1년 정도 지나자 그 언어의 구조와 표현 방식이 서서히 익숙해져 갔다.
작은 일도 이후엔 큰 일이 될지 모른다는 옛말이 이제는 실감이 난다. 계속 해 나갈 또 다른 시작을 생각하게 된다.

Omnium rerum principia / parva sunt.
(옴니움 에님 레룸 프린키피아/ 파르바 순트)
모든 것의 시작은 작습니다(키케로, *De Finibus Bonorum et Malorum*, 5, 21, 58).

로마 시대 웅변가인 키케로가 한 말입니다.

Omnium(옴니움)은 "모든"을 뜻하는 라틴어 형용사 omnis의 복수 속격 형태(~들의)입니다. 여기서 뜻은 "모든 ~들의"입니다. 이런 방식으로 어미가 변하는 형용사는 (3변화 명사처럼 변한다고 해서) 3변화 형용사라고 합니다.

앞선 장에서 언급했던 스마트폰 "옴니아"는 이 형용사를 중성 복수 목적격 형태(-ia)로 쓴 것입니다. "모든 ~들을"(다양한 기능들을) 가졌음을 말하기 위한 이름인 것입니다.

영어 단어 "omnipotent"는 "신"(God)의 속성을 나타내기 위해 사용되는 말로 "모든"(omni) "힘"(potent)을 갖고 있다는 점에서 "전능한"을 뜻합니다.

rerum(레룸)은 res의 복수 속격 형태(~들의)입니다. 이 단어의 흔한 영어 뜻은 thing이며 "일", "것", "상황", "대상" 등으로 다양하게 해석됩니다. 철학에 익숙한 분들은 "사물"로, 법률에 가까운 분들은 "물건"으로 읽을 수도 있습니다.

라틴어 단어 res의 보다 원시적인 의미는 "재산"입니다. 오늘날 스페인어로 res는 "소고기"를 가리키는 말로 쓰는데, 이는 라틴어의 뜻을 보존한 것으로 추측됩니다. 고대에는 "소"와 같은 가축이 재산 그 자체를 의미하는 것이었기 때문입니다. 비슷한 예로 라틴어 단어 pecunia(페쿠니아)는 "돈"(재산)을 뜻하는 말로서 pecus(소나 양의 가축 떼)가 가진 의미로부터 나왔습니다.

omnium(모든)과 rerum(것)이 함께 쓰이면 everything(모든 것)이 됩니다. 복수 속격 형태(~들의)이므로 "모든 것들의"입니다.

principia(프린키피아)는 기본형이 pricipium인 단어의 중성 복수 주격 형태(~들이)입니다. 그 뜻은 "시작", "기원", "원칙", "우선순위"와 같이 옮겨지는 말로, 영어 단어 principle(원리, 원칙)을 떠올리게 합니다. 이 단어는 위에서 살핀 두 형용사의 수식을 받는 명사로 쓰입니다. 즉, "모든 것들의"(Omnium rerum) "시작"(principia)입니다.

parva(파르바)는 "작은"(parv-)을 뜻하는 라틴어 형용사(parvus, parva, parvum)입니다. 뒤에 나온 be동사와 함께 쓰여 "작다"가 되었습니다. "행복한"을 뜻하는 영어 단어 happy가 "I am happy"에서 (be동사와 함께) "나는 행복하다"로 쓰이듯, 라틴어 형용사도 서술어로 쓰일 수 있습니다.

sunt(순트)는 be동사입니다. 동사를 배울 때 -nt는 주어가 3인칭 복수(그들이 ~을 한다)를 의미한다고 했습니다. sunt 또한 "그들이 ~이다" 또는 "그들이 ~에 있다"로 쓰입니다. 즉, "parva sunt"는 "그것들은 작다"입니다.

모든 것의(Omnium rerum) 시작은(principia) 작습니다(parva sunt)!

Omnium rerum principia parva sunt.

(옴니움 레룸 프린키피아 파르바 순트)

모든. 일/것. 시작. 작다.

핵심 point

라틴어 3변화 형용사의 어미 변화를 알 수 있다.

—『혼자서도 공부할 수 있는 라틴어 문법』9강 pp. 134~138 설명 참고.

1) omnium 모든 ~들의(복수 속격) – 3변화 형용사

2) rerum 것들의(복수 속격)   cf. 5변화 명사

3) parva sunt 그것들이 작다(형용사의 서술적 용법)

4) 3변화 형용사 "omn- 모든"(omnis, omne)

구 분		(남성형과 여성형이 같은) 3변화 형용사		
		남/여성형	중성형	뜻
단수	주격	omnis	omne	모든 것이
	속격	omnis	omnis	모든 것의
	여격	omni	omni	모든 것에게
	목적격	omnem	omne	모든 것을
	탈격	omni	omni	모든 것을 가지고
복수	주격	omnes	omnia	모든 것들이
	속격	omnium	omnium	모든 것들의
	여격	omnibus	omnibus	모든 것들에게
	목적격	omnes	omnia	모든 것들을
	탈격	omnibus	omnibus	모든 것들을 가지고

구 분		(남성형과 여성형이 같은) 3변화 형용사		
		남/여성형	중성형	뜻
단수	주격	omnis		
	속격			
	여격			
	목적격			
	탈격			
복수	주격			
	속격			
	여격			
	목적격			
	탈격			

구 분		(남성형과 여성형이 같은) 3변화 형용사		
		남/여성형	중성형	뜻
단수	주격	omnis		
	속격			
	여격			
	목적격			
	탈격			
복수	주격			
	속격			
	여격			
	목적격			
	탈격			

5) 수식하는 형용사와 수식받는 명사

※ 5변화 명사는 아직 배우지 않았기에 보면서 천천히 따라 써봅니다.

* 향후 출간될 문법책에서 "5변화 명사"로 다룰 예정.

구 분		3변화 형용사 여성형		5변화 명사 여성형*		뜻
단수	주격	omnis	모든 ~이	res	일이	모든 일이
	속격	omnis	모든 ~의	rei	일의	모든 일의
	여격	omni	모든 ~에게	rei	일에게	모든 일에게
	목적격	omnem	모든 ~을	rem	일을	모든 일을
	탈격	omni	모든 ~을 가지고	re	일을 가지고	모든 일을 가지고
복수	주격	omnes	모든 ~들이	res	일들이	모든 일들이
	속격	omnium	모든 ~들의	rerum	일들의	모든 일들의
	여격	omnibus	모든 ~들에게	rebus	일들에게	모든 일들에게
	목적격	omnes	모든 ~들을	res	일들	모든 일들을
	탈격	omnibus	모든 ~들을 가지고	rebus	일들을 가지고	모든 일들을 가지고

구 분		3변화 형용사 여성형		5변화 명사 여성형		뜻
단수	주격	omnis		res		
	속격					
	여격					
	목적격					
	탈격					
복수	주격					
	속격					
	여격					
	목적격					
	탈격					

구 분		3변화 형용사 여성형		5변화 명사 여성형		뜻
단수	주격	omnis		res		
	속격					
	여격					
	목적격					
	탈격					
복수	주격					
	속격					
	여격					
	목적격					
	탈격					

20강

전쟁 중에도 떠올려볼 공부의 가치

Mortui soli finem belli viderunt.

오직 죽은 자들만이 전쟁의 끝을 보았습니다

(플라톤의 말 라틴어로 인용, 출처는 불분명).

세계 각 처에서 전쟁이 끊임없이 일어납니다. 그로 인한 슬픔과 고통도 끊이지를 않습니다. 그렇다면 '이럴 때 공부가 다 무슨 소용이란 말인가요?'라고 하면서, 당장 책상을 박차고 뛰쳐나가 무언가라도 해야 할 것만 같은 생각이 들지는 않나요?

그렇지만 전쟁의 끝을 맺기를 위해서라도 우리는 공부해야 할 필요가 있습니다. 또 세상이 어떤 식으로든 유지되고 있다면, 공부는 인간의 삶의 자리에 가치와 역동을 주는 일로서 계속되어야만 합니다.

그리고 다음과 같은 말을 기억해 볼 수 있겠죠. 로마 시대 철학자인 세네카가 "우리는 학교가 아니라 삶을 위해 배웁니다"(Non scholae sed vitae discimus)라고 했던 말을요.

우리의 배움이 작은 필요들만 채워 내는 정도의 수단이 아니길 바랍니다. 나를 키우고 이웃을 배우며 사람을 돌아보는 성실의 한 과정이길 바랍니다.

이처럼 라틴어라는 언어를 공부하는 과정도 '타인에 대한 관심과 소통으로의 의지'가 될 수 있습니다.*

---

* 　제 언어 공부에 대한 관심을 이처럼 표현해 주신 S선생님께 감사드립니다.

> Mortui soli / finem belli / viderunt
> (모르투이 솔리 / 피넴 벨리 / 비데룬트)
> 오직 죽은 자들만이 전쟁의 끝을 보았습니다(플라톤의 말 라틴어로 인용, 출처는 불분명).

고대 그리스 철학자인 플라톤의 말을 라틴어로 옮긴 것으로 알려져 있으나 정확한 출처는 불분명합니다.

Mortui(모르투이)와 관련된 영어 단어이자 스페인어 단어인 mortal은 "죽을 수밖에 없는/치명적인"을 말하며, 이를 프랑스어로는 mortel로, 이탈리아어로는 mortale로 씁니다. 또한 영어 단어 immortal은 "죽지 않는", 즉 신의 속성을 가리키는 말입니다. "사망률"은 mortality rate라고 합니다. "죽음"을 의미하는 m-r-t는 "산스크리트어"에서 나타나고 있습니다(मृत, mṛtá).[*]

이 단어 Mortui는 라틴어 동사 morior(죽다)에서 파생된 말(완료 분사)로 어미가 명사나 형용사처럼 변합니다. Mortui의 어미 -i는 복수 주격 형태임을 고려하여 "죽은 자들"이라고 의미를 생각할 수 있습니다.[**] 라틴어 mori-를 쓴 유명한 명구로 "죽음을 기억하라"(Memento

[*] 산스크리트어와 라틴어 및 그리스어는 모두 인도유럽어족 언어에 속합니다. 이는 18세기말 유럽의 고전 학자들이 (유럽어에 큰 영향을 끼친) 라틴어, 그리스어 등이 산스크리트어(현재 인도가 사용하고 있는 문자, 데바나가리 देवनागरी)와도 관련성이 있다는 것을 알게 된 데 기인합니다. 산스크리트어의 발견은 "비교 역사 언어학"의 발전으로 연결되었고, 또 그것이 "비교 셈족 언어학" 연구를 촉진시켰습니다. 이에 대한 간략한 역사는 다음을 참조할 수 있습니다. 배철현 "비교 셈족 언어학과 원셈어 *tihām-." 「성경원문연구」 31-1호 (2012): 106-10.

[**] 1/2변화 형용사 또는 2변화 명사의 어미 us, i, o, um, o, i, orum, is, os, is를 떠올려 보시기 바랍니다. 어미가 i가 될 수 있는 것은 단수 속격과 복수 주격이고 여기서는 복수 주격 i로 쓰인 것입니다.

mori, 메멘토 모리)가 있습니다.

soli(솔리)는 sol−을 어근으로 하는 라틴어 형용사(solus, sola, solum)입니다. 이 단어는 다른 형용사들과는 변화를 달리 하기에 "불규칙"이지만 그 변화가 "대명사"와는 함께하므로 "불규칙(또는 대명사적) 형용사"라고 합니다(이에 대해서는 [문법 속으로]에서 다시 살펴봅시다). 여기서는 복수 주격 형태(−i)로 쓰여, 뜻은 "오직 ~들이", "유일한 ~들이"입니다.

영어 단어에서 같은 뉘앙스를 가진 형용사로는 <u>sol</u>e(유일한)이 있고 명사로는 <u>sol</u>itude("홀로 있음" /"고독")를 떠올릴 수 있습니다. 애인이 없는 상태를 가리킬 때 쓰는 말인 "솔로"(<u>sol</u>o)도 이 라틴어 단어를 기억하는 데 도움이 됩니다.

Mortui soli(모르투이 솔리)는 "오직 죽은 자들이"입니다.

finem(피넴)은 "끝", "한계", "경계"라는 뜻을 가진 라틴어 단어 finis의 목적격 형태로 "끝을"을 뜻합니다. 이 말은 영어 단어 end나 그리스어 $\tau\acute{\epsilon}\lambda o\varsigma$(텔로스)가 그러하듯 앞에 언급한 번역어들과 더불어 "목표"나 "목적"이라는 의미도 포함합니다(오늘날 스페인어와 프랑스어의 fin 그리고 이탈리아어의 fine 역시 "끝"과 "목표"를 뜻하는 두 범위의 의미를 모두 가지고 있습니다).

이 단어의 어근인 fin이 들어간 영어 단어로는 finish(끝내다), finale(피날레, 마지막), final(파이널, 마지막의)이 있습니다. "미키 마우스"가 끝날 때 fin이 나오던 것을 기억할 분들도 있을 것입니다.*

−fine이 들어간 영어 동사들(refine, define, confine)을 한 번에 쉽게 살펴보도록 합니다.

* fin은 그자체로 물고기의 끝부분, 즉 "지느러미"나 (물고기의 지느러미 위치와 같은) 비행기 날개의 수직으로 올라와 있는 표면 부분을 가리키기도 합니다.

> ### ※ 영어에서 –fine이 들어 있는 동사
>
> define : de(떨어뜨림)fine(한계) → 정의하다, 규정하다, 경계를 나타내다.
>
> refine : re(다시)fine(끝냄) → 개선하다, 정제하다.
>
> confine : con(의미 강조)fine(한계) → 국한시키다, 가두다.

belli(벨리)는 전쟁(war)을 뜻하는 라틴어 단어 bellum의 속격 형태(–i)로 "전쟁의"를 뜻합니다. 이 단어를 연상하는 데 도움이 되는 영어 단어는 battle(전투)입니다.[*]

finem belli(피넴 벨리)는 "전쟁의 끝을"입니다.

viderunt(비데룬트)는 어미가 –nt이기에 주어가 3인칭 복수입니다.[**] "그들은 보았다"입니다. 여기서 그들은 Mortui soli, 즉 "오직 죽은 자들"이 됩니다. 이들이 본 것은 finem belli, 즉 "전쟁의 끝"입니다.

[*] 실제로 영어 war(전쟁)의 뜻은 라틴어 bellum에, battle(전투)의 뜻은 라틴어 proelium에 해당합니다. 후자가 특정 (장소에서 벌어지는) "전투"를 말하는 반면 전자는 "전쟁"을 통칭하는 말입니다.

[**] video(나는 본다) 동사의 완료형 어간(vide)에 3인칭 복수 어미(erunt)를 붙여 만든 형태입니다.

정리하면 "Mortui soli(오직 죽은 자들만이) finem belli(전쟁의 끝을) viderunt(보았습니다)"입니다.

> Mortui soli finem belli viderunt
> (모르투이 솔리 피넴 벨리 비데룬트)
> 죽은 자. 오직. 끝. 전쟁의. 그들이 보았다.

핵심 point

라틴어 불규칙 변화 형용사(대명사적 형용사)를 알 수 있다.

– 『혼자서도 공부할 수 있는 라틴어 문법』9강 pp. 138~141 설명 참고.

1) belli 전쟁의(속격) – 2변화 명사

2) finem 끝을(목적격) – 3변화 명사

3) 불규칙 변화 형용사 어미 변화

구분		남성형	여성형	중성형
단수	주격	us	a	um
	속격	ius		
	여격	i		
	목적격	um	am	um
	탈격	o	a	o
복수	주격	i	ae	a
	속격	orum	arum	orum
	여격	is	is	is
	목적격	os	as	a
	탈격	is	is	is

구분		남성형	여성형	중성형
단수	주격	us	a	um
	속격			
	여격			
	목적격			
	탈격			
복수	주격			
	속격			
	여격			
	목적격			
	탈격			

구분		남성형	여성형	중성형
단수	주격	us	a	um
	속격			
	여격			
	목적격			
	탈격			
복수	주격			
	속격			
	여격			
	목적격			
	탈격			

4) 불규칙 변화 형용사 "sol- 오직"(solus, sola, solum)

구분		남성	여성	중성	뜻
단수	주격	solus	sola	solrum	오직 ~가
	속격		solius		오직 ~의
	여격		soli		오직 ~에게
	목적격	solum	solam	solum	오직 ~를
	탈격	solo	sola	solo	오직 ~와 함께
복수	주격	soli	solae	sola	오직 ~들이
	속격	solorum	solarum	solorum	오직 ~들의
	여격	solis	solis	solis	오직 ~들에게
	목적격	solos	solas	sola	오직 ~들을
	탈격	solis	solis	solis	오직 ~들을 가지고

구분		남성	여성	중성	뜻
단수	주격	solus	sola	solrum	
	속격				
	여격				
	목적격				
	탈격				
복수	주격				
	속격				
	여격				
	목적격				
	탈격				

구분		남성	여성	중성	뜻
단수	주격	solus	sola	solrum	
	속격				
	여격				
	목적격				
	탈격				
복수	주격				
	속격				
	여격				
	목적격				
	탈격				

5부

나의 걷기,
너의 걷기

21강

자신의 걸음을 걷기

Alter alteri ne invideat.

서로 시기하지 마세요(라틴 명구).

인간은 망각의 동물이라고 한다. 그렇기 때문에 반드시 찾으며 기억해야 할 덕목이 있다. 그것은 원하는 것과 해야 할 것을 종합해 내는 삶의 리듬감이다.

또 마음을 두고 신경 써야 할 것과 그러지 말아야 할 것을 구별하고 실천하는 것이다.

바꿀 수 있는 일과 바뀌지 않더라도 가치 있을 일에 헌신하는 것이다.

이러한 덕목들의 공통점은 충분히 자기 내면을 살펴야만 얻을 수 있는 지혜들이라는 것이다.

이제 다시, 처음부터 되묻기 시작해야겠다.

나는 누구이며, 무엇으로 사는가? 나는 어떤 가치를 위해 존재하는가? 나의 고유하면서도 세상의 필요가 될 수 있는 일은 무엇인가? 내가 있어야 할 곳은 어디인가? 내게 적합한 곳은 어디인가? 내가 할 수 있는 것은 무엇인가?

이때 주의해야 할 것들이 있다. 타인과 비교하면서 앞서려고 하지 않는 것, 먼저 된 부분을 자화자찬하지 않는 것, 뒤쳐진 것에 열등감을 느끼지 않는 것, 앞서 가는 이를 시기하지 않는 것, 나의 걸음을 찾는 것, 할 일을 되짚어 보는 것, 이와 같은 건강한 생각들을 모으는 것 등이다.

> Alter alteri / ne invideat.
> (알테르 알테리 / 네 인비데아트)
> 서로 시기하지 마세요(라틴 명구).

이 문구가 어떤 경로로 사람들에게 알려지게 됐는지는 정확히 알지 못합니다. 독어권에서 라틴어 가정법을 공부하도록 만든 연습 문제로 보이기도 합니다.

한편 어딘가에서 종종 본 이 문구를 검색해 보던 저는 (1960년대에 발견된) The Hartlib Papers가 1648년 10월 26일 자필로 쓴 라틴어 편지에서 "alteri alter ne invideat"라고 적힌 부분을 확인하게 됐습니다.[*]

비슷하면서도 더 오래된 기록 중에는 고대와 중세를 연결하는 서방의 교부 아우구스티누스가 사용한 말(ne alteri invideat)이 있습니다.[**]

라틴어 단어 Alter(알테르)는 영어의 the other(또 다른)을 뜻합니다.[***] 이 단어는 주격으로 쓴 것이고, 뒤에 나온 alteri(알테리)는 여격(~에게)으로 쓴 것입니다. 즉, Alter alteri는 "또 다른 누군가가 또 다른 누군가에게", 즉 "각자는 각자에게"나 "서로서로"라는 의미입니다.

ne(네)는 부정어(no)로 가정법과 함께 잘 쓰입니다(가정법에 대해서는 29과에서 설명합니

[*] 2만 5천장이 넘는 17세기 필사된 자료를 셰필드 대학 The Digital Humanities Institute에서 디지털화한 다음의 링크를 통해 참고할 수 있습니다. https://www.dhi.ac.uk/hartlib/view?docset=main&docname=1B_33_001

[**] 아우구스티누스를 비롯한 수많은 교부들의 글은 아래의 링크를 통해 확인할 수 있습니다. http://thelatinlibrary.com/christian.html

[***] 영어의 동사 Alter는 -또 다른 모습으로 만든다는 차원에서- "바꾸다", "달라지게 하다"를 뜻합니다.

다). invideat(인비데아트)는 라틴어 동사 invide(부러워하다/곁눈질하다/질투하다/시기하다)를 가정법 어간(a)과 3인칭 단수 주어(t)로 표현한 것입니다. 영어 envy와 라틴어 invi의 발음이 유사한 것은 기억에 도움이 됩니다.

ne invideat는 "누구누구는 시기하지 마세요"입니다.

Alter alteri(서로서로) ne invideat(시기하지 마세요).

문법 속으로

Alter alteri ne invideat!
(알테르. 알테리. 네. 인비데아트)
각자가. 각자에게. 하지 마라. 시기하다.

핵심 point

라틴어 불규칙 변화 형용사 "alter-각자"를 알 수 있다.

-『혼자서도 공부할 수 있는 라틴어 문법』9강 pp. 138~143, 240 설명 참고.

1) 불규칙 변화 형용사 "alter- 각자"(alter, altera, alterum)

※ alter는 불규칙 형용사(대명사적 형용사)처럼 어미 변화를 합니다.

구분		남성	여성	중성	뜻
단수	주격	alter	altera	alterum	각자가
	속격		alterius		각자의
	여격		alteri		각자에게
	목적격	alterum	alteram	alterum	각자를
	탈격	altero	altera	altero	각자와 함께
복수	주격	alteri	alterae	altera	각자들이
	속격	alterorum	alterarum	alterorum	각자들의
	여격	alteris	alteris	alteris	각자들에게
	목적격	alteros	alteras	altera	각자들을
	탈격	alteris	alteris	alteris	각자들과 함께

구분		남성	여성	중성	뜻
단수	주격	alter	altera	alterum	
	속격				
	여격				
	목적격				
	탈격				
복수	주격				
	속격				
	여격				
	목적격				
	탈격				

구분		남성	여성	중성	뜻
단수	주격	alter	altera	alterum	
	속격				
	여격				
	목적격				
	탈격				
복수	주격				
	속격				
	여격				
	목적격				
	탈격				

22강

기억으로 낳는 사랑

Et vos ergo, amate peregrinos,

quia et ipsi fuistis advenae in terra Aegypti.

그러므로 너희 또한 이방인들을 사랑하라.

왜냐하면 바로 너희가 이집트 땅에서 이방인들이었기 때문이다

(신명기 10:19).

각 사람마다 가지고 있는 기억은 그의 인격 형성에 영향을 미치곤 합니다. 이집트 땅에서 노예로 살다가 해방되었던 이스라엘 백성들이 새로운 땅에서 받았던 신의 명령은 이와 관련한 것이었습니다. "너희가 이방인이던 때를 기억하여 현재 너희가 살고 있는 땅의 이방인에게 사랑을 베풀어야 한다"라고 말입니다.

그러나 사람에 따라 과거 이방인이던 때의 기억이 다른 이방인들을 더 악랄하게 대하게 만들 수도 있습니다. 이방인이던 자는 이방인의 약점을 누구보다 더 잘 알기 때문입니다. 이처럼 기억은 지대한 영향력을 발휘합니다. 우리는 이 기억의 방향을 적대가 아닌 사랑으로 향하게 해야겠습니다.

이 세상 모두가 기억으로 사랑을 낳는다면 얼마나 좋을까요? 그럴 수만 있다면, 소외된 기억을 가진 자는 소외된 자들을 더 잘 이해하고, 아팠던 기억을 가진 자는 아픈 자들을 더 잘 헤아리게 되겠지요.

Et vos ergo, / amate peregrinos, /
(에트 보스 에르고 / 아마테 페레그리노스 /
그러므로 너희 또한 이방인들을 사랑하라.

quia et ipsi fuistis advenae in terra Aegypti.
퀴아 에트 잎(입)시 푸이스티스 아드베나이 인 테라 아이짚(집)티
왜냐하면 바로 너희가 이집트 땅에서 이방인들이었기 때문이다(신명기 10:19).

Et(에트)는 and(그리고)로 많이 쓰이지만 also(또한)나 too(~도)로도 씁니다. 여기서는 also나 too에 가깝게 해석됩니다.

vos(보스)는 2인칭 대명사의 복수 주격으로 "너희는"입니다. 오늘날 프랑스어와 스페인어에서도 vos는 2인칭 대명사(당신[들])로 쓰이고 있습니다. 라틴어의 1, 2인칭 대명사에 대해서는 [문법 속으로]에서 다시 살핍니다.

이어서 ergo(에르고)는 therefore(그러므로)입니다. Et vos ergo는 "그러므로 너희 또한"으로 옮길 수 있습니다.

amate(아마테)에서 ama-는 사랑을 뜻하는 동사의 어간입니다. 단어 꼬리인 어미 없이 ama만 쓰면 명령형이 되어 "사랑하라"이고, 여러 사람에게 말할 때는 여기에 te를 더해 amate, 즉 "너희는 사랑하라"가 됩니다.

누구를 사랑하느냐면 peregrinos(페레그리노스)입니다. peregrinus를 복수 목적격 형태

(os)로 써서 "이방인들을"을 뜻합니다.

라틴어 단어를 공부하다 보면 자연스럽게 한 단어 안에 들어 있는 합성어를 보게 됩니다. 이 단어는 직관적으로 per/egri/nos로 보입니다. "국경을(e[a]gri) 넘어가는(per) 자들을(os)", 즉 "외국/타지를 떠도는 자들을"(이방인들을)을 뜻합니다.

※ 라틴어 단어 peregrinos의 뜻 예상해 보기

per : 통과하여(through)

egri → agri : 땅, 국가, 밭

nos : 복수 목적격 어미(들을)

→ 국경을 통과해서 떠도는 자들(이방인들/외국인들/낯선 이들)

이 단어에서 파생된 이탈리아어 pellegrino는 형용사로 "떠돌아다니는"(wandering)을, 명사로 "순례자"(pilgrim)를 뜻합니다. 참고로 "순례자"는 기독교에서 하늘나라를 본향에 두고 이 세상에서는 나그네와 같이 **떠돌아다니는** 자로서 성도를 일컬을 때 사용하는 말입니다.

"Et vos ergo(그러므로 너희 또한) amate peregrinos(이방인들을 사랑하라)"입니다.

quia(쿠이아)는 접속사로 "왜냐하면"(because)을 뜻합니다. 그 다음 순서에 나온 et도 첫 번째로 나온 et와 같이 "~도"(also, too)로 번역합니다.

ipsi(잎시)는 앞에서 쓴 주어인 vos(너희는)를 강조하면서 대신 받습니다. ips-로 변하는 대명사는 "강조 대명사"라고 합니다. 뜻은 강조의 의미를 살려 "바로" 또는 "그 자체로"라고 합니다. 여기서는 "바로 너희가"입니다.

fuistis(푸이스티스)는 라틴어 be동사의 완료형("~이었다")입니다. be동사의 완료형은 fui를 기본으로 하는데, 여기에 어미 −istis가 붙은 것입니다. −(is)tis는 2인칭 복수인 주어를 뜻하기에 여기서 뜻은 "너희는 ~이었다"입니다.

라틴어 be동사의 완료형태인 fu(i)−는 현대 로망스어(라틴 계열의 현대어)인 스페인어 be동사(ser), 프랑스어 be동사(être), 이탈리아어 be동사(essere)의 단순과거 형태를 만들 때에도 쓰입니다.*

advenae(아드베나이)는 "ad(어디 쪽으로)ven(오다)ae(명사 복수 주격 형태)"로 "어떤 곳으로 새로 온 사람들", 즉 (이 단어도) "이방인들/외국인들/낯선 이들"을 가리킵니다.

> * 스페인어에서는 ser(be)동사와 ir(가다)동사의 단순과거 변화형은 fui−로 완전히 같게 나타납니다. 이탈리아어 essere(be)동사의 단순과거는 아주 오래된 일을 말할 때 쓰므로 "원과거"(passato remoto)로 불리며, 일상생활에서 잘 사용되지는 않습니다.

관련된 라틴어 동사 adveni−는 "어디 쪽으로(ad) 온다(veni−)", 즉 "~는 도착한다"를 뜻해서 어딘가 새로운 곳에 도착하게 된 모습을 보여 줍니다.

※ 라틴어 ven−(오다)의 뜻이 담긴 영어 단어

intervention → inter(사이에)ven(오는)tion(것) : 중재, 참여, 개입

provenance → pro(먼저)ven(오는)ance(것) : 기원, 유래

covenant → co(같이)ven(와서)ant(한 것) : 계약

convene → con(같이)vene(온다) : (모임/회의를) 소집하다.

---

in(인)은 영어와 같이 "~안에"(in)이고 뒤에 탈격이나 목적격이 나옵니다.

라틴어이면서 오늘날 이탈리아어에서도 똑같이 쓰고 있는 terra(테라)는 "땅"을 뜻합니다. in 뒤에 나왔기에 탈격으로 쓰인 것입니다. 이 단어는 영어의 "영토/영역"(territory)

이나 "땅의/지구의"(terrestrial)를 떠올리게 합니다.*

Aegypti(아이깊티)는 이집트(Aegyptus)라는 지명을 속격(i)으로 쓴 것입니다. "이집트의"는 terra를 꾸며 "이집트 땅"입니다.

* 스페인어와 이탈리아어에서 영어 단어 territory와 terrestrial에 대응하는 각각의 말은 territorio와 terrestre입니다.

"quia(왜냐하면) et ipsi(바로 너희도) fuistis advenae(이방인이었다) in terra Aegypti(이집트 땅에서)"입니다.

Et vos ergo(그러므로 너희 또한) amate peregrinos(이방인들을 사랑하라) quia et ipsi(왜냐하면 바로 너희가) fuistis advenae in terra Aegypti(이집트 땅에서 이방인들이었기 때문이다).

※ "이방인"과 관련된 또 다른 라틴어 단어 hostis

앞서 살핀 라틴어 단어 peregrinus, advena와 더불어 이방인(영어의 stranger)을 뜻하는 또 다른 라틴어 단어로는 hostis(이방인, 손님, 적)가 있습니다.

이 단어는 영어 host(주인)의 어원이 된 말입니다. "주인"이라는 뜻은 이방인을 맞는/접대하는 사람이라는 차원에서 파생된 의미로 보입니다.

관련된 또 다른 영어 단어들로 상반된 뜻을 가진 두 단어로는 hostile(적대하는)과 hospitable(환대하는)을 떠올려볼 수 있겠습니다.

hostis라는 단어가 가진 파생의 역사를 보면서 이런 생각에도 잠겨 보았습니다. "이방인"(hostis)에서 "이방인을 맞이하는 자"(host)가 되곤 하는 것이 우리네 삶임을 기억한다면, 우리가 인간으로서 해야 할 일은 "적대하는(hostile) 자"가 되는 것이 아니라 "환대하는 (hospitable) 자"가 되는 것 아니겠냐고.

Et vos ergo, amate peregrinos,

(에트 보스 에르고 아마테 페르그리노스

∼도. 너희. 그러므로. 사랑하라. 이방인들을.

quia et ipsi fuistis advenae in terra Aegypti.

퀴아 에트 잎(입)시 푸이스티스 아드베나이 인 테라 아이짚(집)티)

왜냐하면. ∼도. 바로 너희. ∼이었다. 이방인들. ∼안에. 땅. 이집트.

핵심 point

라틴어의 1, 2인칭 대명사를 알 수 있다.

−『혼자서도 공부할 수 있는 라틴어 문법』10강 pp. 155∼160 설명 참고.

1) ergo 그러므로(therefore)

2) amate 너희는 사랑하라(복수 명령법)

3) quia 왜냐하면(because)

4) fuistis 너희는 ∼이었다(be동사의 완료시제)

5) 1인칭 대명사 암기 팁

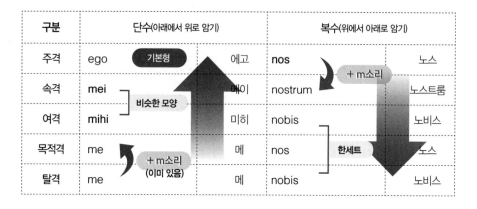

구분	단수(아래에서 위로 암기)			복수(위에서 아래로 암기)		
주격	ego	기본형	에고	nos	+m소리	노스
속격	mei	비슷한 모양	메이	nostrum		노스트룸
여격	mihi		미히	nobis		노비스
목적격	me	+m소리 (이미 있음)	메	nos	한세트	노스
탈격	me		메	nobis		노비스

6) 1, 2인칭 대명사 암기 팁

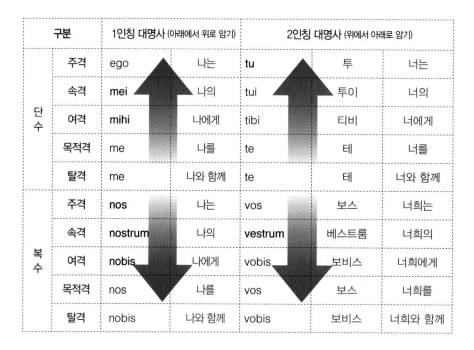

구분		1인칭 대명사 (아래에서 위로 암기)		2인칭 대명사 (위에서 아래로 암기)		
단수	주격	ego	나는	tu	투	너는
	속격	mei	나의	tui	투이	너의
	여격	mihi	나에게	tibi	티비	너에게
	목적격	me	나를	te	테	너를
	탈격	me	나와 함께	te	테	너와 함께
복수	주격	nos	나는	vos	보스	너희는
	속격	nostrum	나의	vestrum	베스트룸	너희의
	여격	nobis	나에게	vobis	보비스	너희에게
	목적격	nos	나를	vos	보스	너희를
	탈격	nobis	나와 함께	vobis	보비스	너희와 함께

7) 1, 2인칭 대명사

구분		1인칭 대명사		2인칭 대명사	
단수	주격	ego	나는	tu	너는
	속격	mei	나의	tui	너의
	여격	mihi	나에게	tibi	너에게
	목적격	me	나를	te	너를
	탈격	me	나와 함께	te	너와 함께
복수	주격	nos	우리는	vos	너희는
	속격	nostrum	우리의	vestrum	너희의
	여격	nobis	우리에게	vobis	너희에게
	목적격	nos	우리를	vos	너희를
	탈격	nobis	우리와 함께	vobis	너희와 함께

구분		1인칭 대명사		2인칭 대명사	
단수	주격	ego		tu	
	속격				
	여격				
	목적격				
	탈격				
복수	주격				
	속격				
	여격				
	목적격				
	탈격				

구 분		1인칭 대명사		2인칭 대명사	
단수	주격	ego		tu	
	속격				
	여격				
	목적격				
	탈격				
복수	주격				
	속격				
	여격				
	목적격				
	탈격				

23강

탐욕이 생명에
끼치는 영향

Videte et cavete ab omni avaritia,

quia si cui res abundant,

vita eius non est ex his, quae possidet.

여러분은 모든 탐욕을 주의하고 경계하십시오.

만약 누군가에게 가진 것이 넘쳐난다 해도

그 생명은 소유한 것으로부터 나오는 것이 아니기 때문입니다

(누가복음 12:15).

무언가를 소유하고자 하는 욕심은 경제 발전의 동력이 됩니다. 반면 그것은 우리의 마음을 지나치게 분주해지게 만들기도 합니다.

많은 청소년들이 성장하는 동안 연봉이 높은 직업을 선택해야만 한다는 세상의 소리에 노출됩니다. 능력이 됨에도 불구하고 경제력 향상을 위한 진로 선택을 하지 않는다면 그야말로 '세상 물정 모르는 바보' 취급을 당하기도 하지요. 각 사람마다 가진 특성과 어떤 진로가 잘 어울리는가의 여부와는 상관없이, 능력만 있다면 우선적으로 선택해야만 하는 직업이 있다는 식으로 치부되곤 합니다. 그렇게 자신을 성찰하고 삶을 탐색해야 할 10~20대는 오히려 자신을 잃어버리는 시간이 되기도 합니다. 머지않아 이들 중 다수가 소유로 자신의 존재를 증명할 수 있다고 생각하는 어른이 될 것입니다. 그러한 태도는 생명보다 물질을 귀히 여기는 태도와 그리 거리가 멀지 않습니다.

그러나 물질의 풍요함이 생명의 소중함을 대변하지는 못합니다. 삶의 목적이 오직 돈에만 있다면 주의하십시오. 경제적 실패가 삶의 이유까지 잃어버리게 할 수도 있기 때문입니다. 돈은 삶에서 중요한 부분을 차지하지만, 삶의 목적 그 자체일 수는 없습니다.

돈 없이 이 세상을 살기는 어려울 테지만, 삶은 돈이 주는 가치를 통해서만 빛나지는 않습니다. 무엇보다 돈이 필요한 곳에 적절하게 쓰이도록 하기 위해서, 생명을 돈보다 소중하게 여겨야겠습니다.

Videte et cavete / ab omni avaritia, /
(비데테 에트 카베테/ 아브 옴니 아바리티아/
여러분은 모든 탐욕을 주의하고 경계하십시오.

quia si cui res abundant, /
퀴아 시 쿠이 레스 아분단트 /
만약 누군가에게 가진 것이 넘쳐난다 해도

vita eius non est ex his, / quae possidet.
비타 에이우스 논 에스트 엑스 히스 / 쿠아이 포시데트)
그 생명은 소유한 것으로부터 나오는 것이 아니기 때문입니다(누가복음 12:15).

Videte(비데테)의 기본형은 video(나는 본다)입니다. 이 video는 (예의 주시해서 본다는 점에서) "나는 주의한다"라는 뜻도 갖습니다. 여기서 어미를 뗀 vide는 명령형으로 "주의하라"로 쓰였습니다. te를 덧붙인 videte는 "너희는 주의하라"입니다.

cavete(카베테)는 caveo에서 나온 동사로, 복수 명령형으로 써서 "너희는 경계하라"를 뜻합니다. 단수 명령형인 cave는 로마에서 "개조심"(cave canem)이라고 적을 때 쓰던 표현입니다.

Videte et cavete는 "여러분은 주의하고 경계하십시오"입니다.

무엇을 조심하고 경계해야 할지 살피는 내용이 이어서 나옵니다.

omni(옴니)는 "모든"을 뜻하는 말로 영어 단어 omnipotent(전능한)나 omnipresent (어디에나 있는)을 떠올리게 합니다. 여기서는 탈격으로 쓰였습니다.

omni(모든)+potent(힘)=omnipotent(전능한, 모든 것을 할 수 있는),
omni(모든)+present(존재하는)=omnipresent(어디에나 있는, 모든 곳에 있는)

avaritia(아바리티아)는 "탐욕"을 뜻합니다. 로마 가톨릭에서 분류하는 7가지 대죄(칠죄종) 중 하나인 "탐욕"은 영어로 avarice입니다.*

omni avaritia는 "모든 탐욕"입니다. 두 단어 모두 탈격 형태를 취합니다.

> * "탐욕"(avarice)을 뜻하는 스페인어는 avaricia, 프랑스어는 avarice, 이탈리아어는 avarizia입니다.

omni avaritia 앞에 있는 ab(아브)는 흔히 from(~로부터)이나 by(에 의해)의 뜻으로 사용됩니다. 뒤에 탈격을 취하는 전치사입니다. omni avaritia를 탈격으로 쓴 이유입니다.

"모든 탐욕으로부터 주의하고 경계하라", 즉 "모든 탐욕을 주의하고 경계하라" 정도가 적절합니다.

Videte et cavete ab omni avaritia.

여러분들은 모든 탐욕을 주의하고 경계하십시오.

quia(퀴아)는 "왜냐하면"(because)이고, si(시)는 "만약에"(if)입니다.

cui(쿠이)는 의문대명사로 "누군가에게"를 뜻합니다. 로마 시대 웅변가 키케로의 말 "Cui bono?"(누구에게 좋은 것인가?)는 죄지을 만한 동기가 누구에게 있을지 생각해 보란 문구로 오늘날 법률이나 수사학에서도 남아 있는 표현입니다.

맨 마지막 단어 abundant(아분단트)는 영어 단어 abundant(풍부한)나 abound(풍부하다)가 연상되는 단어로 "그들이 풍부하다/넘쳐나다"를 뜻합니다. 어미 −nt는 3인칭 복수인 주어를 뜻합니다.

그 앞에 나온 res(레스)는 "상황, 일, 재산, 어떤 것"(thing) 등 다양하게 번역될 수 있는 말입니다. 지금까지 진행한 해석들과 어울리는 번역어를 생각하면 "가진 것" 정도가 가능합니다.

"왜냐하면 만약 누군가에게 가진 것이 넘쳐난다 해도"입니다.

quia si cui res abundant,
(퀴아 시 쿠이 레스 아분단트
왜냐하면. 만약. 누군가에게. 가진 것. 넘쳐난다.(해도).

맨 마지막 줄입니다.

Vita(비타)는 "생명"입니다. 비타민(vitamin)이 우리 "생명"에 도움이 되는 영양소라는 점에 착안해서 기억해 보면 어떨까 합니다.*

eius(에이우스)는 3인칭 대명사로 "그의"를 뜻합니다. 3인칭 대명사는 이번 [문법 속으로]에서 다루어 볼 것입니다.

vita eius(그의 생명)입니다.

이어서 non est(논 에스트)는 not(아니다)과 be동사의 조합으로 "무엇 무엇이 아니다"(is not)입니다.

* 관련해서 비타민(vitamin)을 이탈리아어와 스페인어는 vitamina로, 프랑스어는 vitamine로 씁니다. 그리고 (라틴어와 같이) 이탈리아어에서의 vita도 "생명/삶/인생"을 뜻하는 말로 씁니다.

ex(엑스)는 "~로부터"(from)을, his(히스)는 "이것"(this)를 뜻합니다. ex his는 "이것으로부터"입니다. "이것"이 무엇인지는 바로 뒤에 설명이 나올 것입니다.

vita eius(그의 생명은) non est ex his(이것으로부터가 아니다)

his(이것)이 어떤 것인지를 설명해 주는 장치가 quae(쿠아이)입니다. 앞에 있는 말을 설명해 줄 때 쓰는 이 단어는 관계대명사(which나 that)입니다. "소유하다"는 뜻을 가진 possidet(포시데트)가 나와서 quae possidet는 "소유한 것"이 됩니다. 관계대명사는 다음 강의 [문법 속으로]에서 다시 살펴볼 내용입니다.

vita eius(그의 생명은) non est ex his(이것으로부터가 아니다), quae possidet(소유한 것).

Videte et cavete ab omni avaritia.

여러분은 모든 탐욕을 주의하고 경계하십시오.

quia si cui res abundant,

만약 누군가에게 가진 것이 넘쳐난다 해도,

vita eius non est ex his, quae possidet.

그 생명은 소유한 것으로부터 나오는 것이 아니기 때문입니다.

Videte et cavete ab omni avaritia,

비데테 에트 카베테 아브 옴니 아바리티아

너희는 주의하라. 그리고. 경계하라. ~을. 모든. 탐욕.

quia si cui res abundant,

퀴아 시 쿠이 레스 아분단트

왜냐하면. 만약. 누군가에게. 가진 것. 넘쳐난다.

vita eius non est ex his, quae possidet.

비타 에이우스 논 에스트 엑스 히스 쿠아이 포시데트

생명. 그의. 아니다. ~로부터. 그것. 관계대명사. 소유하다.

핵심 point

라틴어 3인칭 대명사를 알 수 있다.

-『혼자서도 공부할 수 있는 라틴어 문법』10강 pp. 159~160 설명 참고.

1) ab + 탈격 (from/by)

2) si 만약~이라해도(if)

3) cui 의문대명사(누군가에게)

4) abundant 그들이 풍부하다/넘쳐난다(주어가 3인칭 복수)

5) 라틴어 3인칭 대명사

구 분		남성형(그)		여성형(그녀)		중성형(그것)	
단수	주격	is	이스	ea	에아	id	이드
	속격	eius					에이우스
	여격	ei					에이
	목적격	eum	에움	eam	에암	id	이드
	탈격	eo	에오	ea	에아	eo	에오
복수	주격	ei	에이	eae	에아이	ea	에아
	속격	eorum	에오룸	earum	에아룸	eorum	에오룸
	여격	eis	에이스	eis	에이스	eis	에이스
	목적격	eos	에오스	eas	에아스	ea	에아
	탈격	eis	에이스	eis	에이스	eis	에이스

구 분		남성형(그)		여성형(그녀)		중성형(그것)	
단수	주격	is					
	속격						
	여격						
	목적격						
	탈격						
복수	주격						
	속격						
	여격						
	목적격						
	탈격						

구 분		남성형(그)		여성형(그녀)		중성형(그것)	
단수	주격	is					
	속격						
	여격						
	목적격						
	탈격						
복수	주격						
	속격						
	여격						
	목적격						
	탈격						

24강

현재가 만드는 미래

Age quod agis.

당신이 지금 하고 있는 바로 그 일을 행하십시오

(라틴 명구).

과거 없는 현재가 없듯이, 현재 없이는 미래를 살아낼 수 없습니다. 현실 없이 의미만 추구하며 살 수도 없습니다. 미래를 생각하다가도 현재로 돌아와야 합니다. 의미를 추구하다가도 현실을 기억해야 합니다. 모든 인간은 예외 없이 오늘을 살아갑니다. 이 평범함은 인간이 인간이기에 누리는 것입니다. 오늘은 살아 있는 누구에게나 주어진 몫입니다. 동일한 몫의 현재이고 현실이며 지금입니다.

동등하게 주어진 몫이 있다는 말은 인간은 누구나 평등하다는 것을 말해 주고, 그 몫을 서로 달리 하며 살아감은 인간의 다양성을 말해 줍니다. 우리는 연결된 세계를 살아가며 자신의 자리를 찾습니다. 그리고 주어진 위치에서 자기 몫을 감당합니다. 각자가 지금 하고 있는 일은 그 자신의 몫입니다. 거기서에서만 의미와 미래가 창조됩니다. 우리 모두 창조하는 현재를 살아가길, 오늘이 만들어 갈 미래를 곧 마주하게 되길 기도합니다.

문장 속으로

Age / quod agis.
(아게 / 쿠오드 아기스)
당신이 지금 하고 있는 바로 그 일을 행하십시오(라틴 명구).

quod(쿠오드)를 사이에 두고 앞뒤로 ago동사(행하다)의 변화 형태가 나오는 라틴어 명구입니다. 이 명구는 예수회 설립자인 이그나티우스 로욜라(1491-1556)의 조언으로 유명해졌습니다.

앞에 있는 Age(아게)는 명령형으로는 "행하라"로, 뒤에 있는 agis(아기스)는 주어가 2인칭 단수로는 "너는 행한다"로 옮길 수 있습니다.

그리고 quod는 전후 문장 각각의 의미에 공통으로 쓰이면서 관계시키는 명사(관계대명사) 역할을 합니다.

한국어에는 관계대명사가 없어서 설명이 어색해 보이지만, 그 뉘앙스를 살려서 설명하면 이렇습니다. "너는 quod를 행하라"와 "너는 그 quod를 하고 있다"를 합쳐 "너는 하고 있는 그 quod를 행하라"입니다.

"너는 하고 있는(audis) 그것(quod)을 행하라(Age)."

"행하다"로 말씀드린 단어의 어근은 ag-입니다. 한국말로도 많이 쓰는 "아젠다"(agenda)는 "age(하다) nda (되어야 할)"로 "행해져야 할 것/다뤄져야 할 일"을 뜻합니다.* 이와 관련해서 오늘날 스페인

> * 참고로, -nda는 라틴어 "미래수동분사"의 어미로 "되어야 할"을 뜻합니다. 영어권의 흔한 여자이름인 "아만다(Amanda)"는 "사랑 받아야 할(여자)"라는 뜻입니다.

어와 이탈리아어의 agenda는 −우리가 흔히 한국말처럼 사용하기도 하는− "플래너
(planner)"나 "스케줄(schedule)" 또는 "다이어리(diary)"와 같은 뜻의 말로 쓰입니다.

또한 ag−(아그)가 ac−(아크)로의 변화 가능성을 가

졌음을 고려하면, *이 어근은 영어 단어 act(행하다),

action(행동), activity(활동) 등의 단어와 관련성이 있음을

알게 됩니다.

* ac−는 ago동사의 "완료형 수동태"
로 변할 때 쓰이는 어간입니다. 이
에 대한 내용은 『혼자서도 공부할
수 있는 라틴어 문법』 13강에서 살
펴볼 수 있습니다.

문법 속으로

Age quod agis.
(아게. 쿠오드. 아기스)
행하라. ∼것을. 너는 하고 있다.

....

핵심 point

라틴어 관계대명사를 알 수 있다.

−『혼자서도 공부할 수 있는 라틴어 문법』 11강 pp. 170∼173 설명 참고.

---

1) Age 행하라(명령형)

2) agis 너는 행한다(주어가 2인칭 단수).

3) 관계대명사

구분		남성형		여성형		중성형	
단수	주격	qui	쿠이	quae	쿠아이	quod	쿠오드
	속격	cuius					쿠이우스
	여격	cui					쿠이
	목적격	quem	쿠엠	quam	쿠암	quod	쿠오드
	탈격	quo	쿠오	qua	쿠아	quo	쿠오
복수	주격	qui	쿠이	quae	쿠아이	quae	쿠아이
	속격	quorum	쿠오룸	quarum	쿠아룸	quorum	쿠오룸
	여격	quibus	쿠이부스	quibus	쿠이부스	quibus	쿠이부스
	목적격	quos	쿠오스	quas	쿠아스	quae	쿠아이
	탈격	quibus	쿠이부스	quibus	쿠이부스	quibus	쿠이부스

구분		남성형		여성형		중성형	
단수	주격	qui	쿠이	quae	쿠아이	quod	쿠오드
	속격						
	여격						
	목적격						
	탈격						
복수	주격						
	속격						
	여격						
	목적격						
	탈격						

구분		남성형		여성형		중성형	
단수	주격	qui	쿠이	quae	쿠아이	quod	쿠오드
	속격						
	여격						
	목적격						
	탈격						
복수	주격						
	속격						
	여격						
	목적격						
	탈격						

25강

다시, 오늘

Uno die tempus

하루에 한 타임, 하루하루, 한 걸음 한 걸음, 날마다

(라틴 명구)

미국의 폴 칼라니티라고 하는 저자가 저술한 『숨결이 바람 될 때』라는 에세이가 있습니다. 이 책은 시한부 인생을 선고받은 한 의사가 죽음의 목전에서 자신의 마지막 2년을 기록한 내용입니다. 저자는 생이 얼마 남지 않았음에도 불구하고 자기 본업, 즉 환자를 치료하고 살리는 일에 온몸을 바치다가 그 숭고했던 생을 마감합니다. 과감하면서도 묵묵하게, 그리고 의연하게 이 세상과 이별합니다.

책을 읽으며, '그는 어떻게 그런 삶을 살 수 있었을까?' 하는 질문이 떠올랐습니다. 신께서 저에게도 생이 얼마나 남았는지 알려 주신다면 어떤 기분이 들까요? 이전에 비슷한 시나리오로 사람들과 이야기를 나눈 적이 있습니다. 대부분의 사람들은 이전과는 달리 사랑하는 사람과 남은 시간을 보내겠다고 대답했습니다. '세상이 무너져도 오늘의 사과나무를 심겠다'와 같은 말은 소설 속에서 읽을 법만 이야기 같았습니다.

흔치 않는 생각을 가진 사람들과의 대화는 인생에 대한 근원적 질문을 던져 주기도 합니다. 조금 후면 세상은 멈추어 버릴텐데, '어차피 곧 떠나게 될 인생인데, 왜 수고해야만 하는가?'와 같은 질문들 말입니다. 그런데 수고롭게 보여서 피하고만 싶은 과업도 삶을 위한 것이라고 생각하는 사람들이 있습니다. 우리의 인생을 다시금 생각해 보게 하는 사람들입니다. 이들에게 하루는 막연한 미래를 위한 어쩔 수 없이 해야만 하는 투자가 아닙니다. 이들에게 하루는 그만의 고유한 의미를 가지고 있는 것입니다. 그래서 이들의 일상을 대하는 태도는 남다릅니다. 그들에게 오늘은 그 자체로 의미이자 그들 자신을 위한 삶입니다.

한편 "수도복이 수도사를 만드는 것은 아니다(Habitus non facit monachum)"와 같은 귀중한 말도 있습니다. 복장(겉보기)이 그 사람을 만드는 것은 아니라는 것이죠. 그런데도 "수도복"이라는 단어와 관련된 어원을 살펴보면 이와 상반된 관점으로 접근이 가능해집니다. 수도복(Habitus)이라는 단어에서 "습관"이라는 영어 단어(Habit)가 유래했습니다.[*] 그런 점에서 '옷이 사람을 만드는 것은 아니지만, 그 옷을 입고 행하는 습관은 그 사람이 누구인지를 말해 준다'라는 맥락으로 이해해 볼 수 있습니다. 바로 그 옷에 맞는 행동의 반복이 그 사람을 만들 수 있다는 것이죠.

날마다 지속하는 삶의 양식이 우리가 누구인지를 말해 줍니다. 하루를 붙잡음으로, 오늘 또 하나의 꽃을 새롭게 피우게 될 여러분을 기대합니다.

---

[*]   오늘날 프랑스어에서는 여전히 habit이 "옷/의복"을 뜻하는 말로 쓰이고 있습니다.

문장 속으로

Uno die / tempus
우노 디에 / 템푸스
하루에 한 타임, 하루하루, 한 걸음 한 걸음, 날마다(라틴 명구)

정확한 출처는 알 수 없는 말입니다만, 옷과 타투 등의 레터링 문구로 몇 차례 본 기억이 있습니다. 원어민이 많이 쓰는 영어 표현 "One day at a time"이 그 뉘앙스를 가장 잘 전달하지 않을까 합니다. 한국어로는 "하루에 한 타임", "하루하루", "한 걸음 한 걸음", "날마다" 정도가 될 것입니다.

Uno(우노)는 숫자 "하나/일"을 뜻합니다. 이 라틴어 숫자는 형용사로 쓰기에 성/수/격에 따라 변합니다. 여기서는 어미가 −o로서 "탈격"으로 쓴 것입니다. 탈격은 시간과 장소에 관한 정보를 전달할 때 자주 쓰입니다. 상세한 격의 용법은 향후 출간될 심화 문법책에서 다룰 수 있길 기대합니다.

die(디에)는 영어의 day(날)입니다. Uno와 함께 탈격으로 쓰여 "Uno die"는 "하루에"(One day)를 뜻하는 말이 됩니다. "로마는 하루 만에 세워지지 않았다"(Roma non uno die aedificata est)*라는 유명한 말에도 uno die(하루 만에)가 들어 있습니다.

> * 이 문구 중 aedificata는 condita로 대신해서 쓰기도 합니다. 그리고 위 말은 프랑스어에서 속담처럼 씁니다. "Rome ne s'est pas faite en un jour."

"죽은 시인의 사회"라는 작품을 통해 유명해진 호라티우스의 경구 "Carpe diem"(하루를 붙잡아라)에서는 diem이 목적격(하루를/한 날을)으로 쓰였습니다.

tempus(템푸스)는 "시간"(time)을 뜻합니다. 자주 쓰이는 영어 단어 tempo(시간)rary(형용사), 즉 temporary는 "일시적인/임시적인"이란 뜻입니다. 참고로 시간과 관련된 또 다른 영어 형용사 temporal은 시간이 갖는 특징(시간은 찰나인 것)과 관련되어 "시간적 제약이 있는" 또는 "현세의/세속의"를 뜻하는 말로 씁니다. 이 단어는 영어권의 일상에서 흔히 쓰는 말은 아닙니다.

그런데 스페인어에서는 temporal은 영어의 temporal(현세의)과 temporary(일시적인) 둘 다를 뜻하는 말로 씁니다. 즉, temporal은 영어의 temporary를 대신하는 말로, 스페인어권에서 자주 쓰입니다.

언어를 공부하는 일은 인간을 관찰하는 것만큼이나 단순하지 않은 즐거움을 주는 듯합니다.

Uno die tempus(One day at a time).

하루에 한 타임.

Uno die tempus

(우노 디에 템푸스)

하나. 날. 시간(타임).

핵심 point

라틴어의 수사 1(하나/일), 2(둘/이), 3(셋/삼)을 알 수 있다.

－『혼자서도 공부할 수 있는 라틴어 문법』11강 pp. 179~184 설명 참고.

1) 라틴어 수사 1(하나/일)

구 분	1(하나/일)					
	남성		여성		중성	
주격	unus	우누스	una	우나	unum	우눔
속격	unius	우니우스	unius	우니우스	unius	우니우스
여격	uni	우니	uni	우니	uni	우니
목적격	unum	우눔	unam	우남	unum	우눔
탈격	uno	우노	una	우나	uno	우노

구분	1(하나/일)					
	남성		여성		중성	
주격	unus	우누스	una	우나	unum	우눔
속격						
여격						
목적격						
탈격						

구분	1(하나/일)					
	남성		여성		중성	
주격	unus	우누스	una	우나	unum	우눔
속격						
여격						
목적격						
탈격						

2) 라틴어 수사 2(둘/이), 3(셋/삼)

구분	2(둘/이)						3(셋/삼)			
	남성		여성		중성		남/여성		중성	
주격	duo	두오	duae	두아이	duo	두오	tres	트레스	tria	트리아
속격	duorum	두오룸	duarum	두아룸	duorum	두오룸	trium	트리움	trium	트리움
여격	duobus	두오부스	duabus	두아부스	duobus	두오부스	tribus	트리부스	tribus	트리부스
목적격	duos	두오스	duas	두아스	duo	두오	tres	트레스	tria	트리아
탈격	duobus	두오부스	duabus	두아부스	duobus	두오부스	tribus	트리부스	tribus	트리부스

구분	2(둘/이)						3(셋/삼)			
	남성		여성		중성		남/여성		중성	
주격	duo	두오	duae	두아이	duo	두오	tres	트레스	tria	트리아
속격										
여격										
목적격										
탈격										

구분	2(둘/이)						3(셋/삼)			
	남성		여성		중성		남/여성		중성	
주격	duo	두오	duae	두아이	duo	두오	tres	트레스	tria	트리아
속격										
여격										
목적격										
탈격										

6부

사람답게
살기 위해

26강

사람, 어떤 사람?

Luctor et emergo.

나는 분투하며 떠오릅니다

(라틴 명구, 네덜란드 Zeeland의 모토).

사람을 뜻하는 라틴어 단어 "homo"(호모)에 덧붙여서 인간의 특징을 표현해 온 다양한 수식어들이 있다. "유발 하라리"라고 하는 작가가 쓴 저서의 제목으로 세간에 유명해진 "호모 사피엔스"(homo sapiens)라는 말에서 "사피엔스"는 "지혜로운"을 뜻하여 지혜로운 인류, 즉 이성적인 사고를 하는 현 인류를 지칭한다.[*]

인간을 설명하는 또 다른 말인 "호모 렐리기오수스(homo religiosus)"는 종교적인 인간을 의미한다. 이는 단순한 종교의 유무를 떠나 인간이란 무언가를 —종교적으로 보일 정도로— 맹목적으로 추구하며 살아가는 존재임을 가리키는 말로 사용된다. 예컨대 많은 사람이 경쟁 사회에서 종교적이라고 보일 만큼 '인정'이라는 '신'을 추구하며 살아가지 않은가? 이처럼 인간이 종교적 몰두를 할 수 있는 대상에는 정치나 특정 이념을 포함해서 돈과 자기 계발, 연애, 가족 등 모든 것이 망라된다.[**]

그렇다면 위 라틴 문구 "나는 분투하여 떠오릅니다"를 활용하여 —"분투하는"이란 뜻의 "룩탄스"를 활용해서— "호모 룩탄스"(homo luctans)라는 말을 붙여볼 수는 없을까? 분투라는 말을 들을 때 연상되는 이미지는 안정적인 것은 아니다. 그러나 완전히 가라앉지 않은 모습, 그리고 이를 위해 계속해서 떠오르려 하는 모습은 그 자체로 강인한 의지를 나타내기도 한다.

불확실함 중 '분투'는, 자기 내면을 깊이 들여다보고 진정한 자신을 만나게 하기도 한다. 그리고 인간이 포기하지 않는다면 불안 속에서도 계속 앞으로 나아가게 한다.

흔들리면서 피어나는 꽃이 아름답다. 인간을 꺾으려 하는 폭우나 위험 따위가 몰려 온다고 해도 계속해서 도전하며 이겨내겠다는 강인한 정신력과 각오는 진정 위대하다. 이렇듯 우리는 인간에 대해 다양하게 질문하고 상상해 볼 때에야 비로소 인간이 가진 가치와 가능성 및 돌이켜 볼 지점을 깨닫게 될 것이다.

_____

[*]   제목과는 역설적이게도, 책에 등장하는 현 인류는 온갖 동식물을 멸종시키고 생태계 파괴를 일삼으며 인류에 위기를 가져오는 존재입니다. 저자는 『호모데우스』를 비롯한 후속작들에서 계속해서 인간의 이제껏 나아온 길과 앞으로 나아갈 길을 상상하게끔 하고 있습니다.

[**] 그밖에도 인간을 여러 관점으로 생각해 보고자 하는 표현들로서 인간이 '놀이'를 여가와 학습 그리고 창작의 원천 등으로 활용하는 존재임을 가리키는 "호모 루덴스"(homo ludens, 놀이하는 인간)나, 인간이 '도구'를 만들어 쓸 줄 아는 존재라는 뜻에 "호모 파베르"(homo faber, 도구의 인간) 등이 있겠습니다.

> Luctor et emergo.
>
> 룩토르 에트 에메르고.
>
> 나는 분투하며 떠오릅니다(라틴 명구, 네덜란드 Zeeland의 모토).

도서명, 음반명, 화장품명 등 온갖 곳에서 가져다 사용하고 있는 라틴어 문구입니다. 네덜란드 남서부 지역인 Zeeland의 모토이기도 합니다.

Zeeland는 해수면보다 낮은 국토들로 인해 관광 명소로도 유명한 동시에 홍수 피해가 많은 지역입니다. 위 문구는 사자 그림과 함께 담겨 있습니다. 그 사자의 일부는 물에 잠겨 있으나 완전히 빠지지는 않으려고 분투하는 모습으로 보입니다.

Luctor(룩토르)는 Lucto(분투하다)의 수동태 표현입니다. Luctor의 어미 or 중 o는 1인칭 단수 주어(나)를 뜻하고 r은 수동태 어미를 가리킵니다.

한편 이 단어는 수동태가 능동태 표현도 겸합니다. 이와 같은 동사는 탈형동사 또는 디포넌트 동사라고 합니다.[*] 여기서 뜻도 "나는 분투한다"입니다.

> [*] 이에 대해서는 『혼자서도 공부할 수 있는 라틴어 문법』 202쪽을 참고하세요.

연상되는 영어 단어는 reluctant입니다. 접두사 re는 "다시"(again) 또는 "반대로/뒤로"(against/back)를 뜻합니다. re(반대로)luct(분투)ant(하는) 것이라서 "꺼리는"입니다.

et(에트)는 "그리고"(and)이고, 바로 뒤에 나오는 단어 emergo(에메르고)와 같은 발음 e로 시작합니다. "에트 에메르고"에는 리듬감도 있습니다.

emergo는 영어 단어 emerge와 형태가 흡사합니다. e(~로부터/밖으로)merge(잠겨 있음), 즉 잠겨 있던 데서 나와서 모습을 드러내는 것이므로 "나오다", "부상하다"라는 의미입니다.

이 라틴어 단어는 영어와 같은 뜻뿐만 아니라 "일으키다" 또는 "빛을 발하다"라는 뜻으로도 씁니다.

Luctor et emergo는 "나는 분투하며 떠오릅니다"입니다.

문법 속으로

Luctor et emergo.

룩토르 에트 에메르고

분투하다. 그리고. 떠오르다.

핵심 point

라틴어 수동태 동사의 어미 변화를 알 수 있다.

−『혼자서도 공부할 수 있는 라틴어 문법』12강 pp. 192~202 설명 참고.

1) 능동태와 수동태 어미 변화

인칭	능동태		수동태	
	어미변화	의미	어미변화	의미
1 단	+o	내가 ~ 한다.	+or	내가 ~ 받는다.
2 단	+s	네가 ~ 한다.	+ris	네가 ~ 받는다.
3 단	+t	그/그녀/그것이 ~ 한다.	+tur	그/그녀/그것이 ~ 받는다.
1 복	+mus	우리가 ~ 한다.	+mur	우리가 ~ 받는다.
2 복	+tis	너희가 ~ 한다.	+mini	너희가 ~ 받는다.
3 복	+nt	그들/그녀들/그것들이 ~ 한다.	+ntur	그들/그녀들/그것들이 ~ 받는다.

인칭	능동태		수동태	
	어미변화	의미	어미변화	의미
1 단	+o	내가 ~ 한다.	+or	내가 ~ 받는다.
2 단				
3 단				
1 복				
2 복				
3 복				

인칭	능동태		수동태	
	어미변화	의미	어미변화	의미
1 단	+o	내가 ~ 한다.	+or	내가 ~ 받는다.
2 단				
3 단				
1 복				
2 복				
3 복				

2) 능동태와 수동태 과거형 어미 변화

인칭	능동태 과거형			수동태 과거형		
	과거형 어간	어미변화	의미	과거형 어간	어미변화	의미
1 단	+ba	+m	내가 ~하고 있었다.	+ba	+r	내가 ~받고 있었다.
2 단		+s	네가 ~하고 있었다.		+ris	네가 ~받고 있었다.
3 단		+t	그/그녀/그것이 ~하고 있었다.		+tur	그/그녀/그것이 ~받고 있었다.
1 복		+mus	우리가 ~하고 있었다.		+mur	우리가 ~받고 있었다.
2 복		+tis	너희가 ~하고 있었다.		+mini	너희가 ~받고 있었다.
3 복		+nt	그들/그녀들/그것들이 ~하고 있었다.		+ntur	그들/그녀들/그것들이 ~받고 있었다.

인칭	능동태 과거형		수동태 과거형	
	최종형태	의미	최종형태	의미
1 단	bam	내가 ~하고 있었다.	bar	내가 ~받고 있었다.
2 단				
3 단				
1 복				
2 복				
3 복				

인칭	능동태 과거형		수동태 과거형	
	변화형태	의미	변화형태	의미
1 단	bam	내가 ~하고 있었다.	bar	내가 ~받고 있었다.
2 단				
3 단				
1 복				
2 복				
3 복				

3) 능동태와 수동태 미래형 어미 변화 (※1, 2변화 동사에 해당)

* 이 경우는 biris 대신 로마인들 발음상의 편의를 위해 beris를 쓴 것으로 보입니다.

인칭	능동태 미래형				수동태 미래형			
	미래형 어간	어미변화	변화형태	의미	미래형 어간	어미변화	변화형태	의미
1 단	+bi	−i+o	bo	내가 ～할 것이다.	+bi	−i+or	bor	내가 ～될 것이다.
2 단		+s	bis	네가 ～할 것이다.		+ris*	beris	네가 ～될 것이다.
3 단		+t	bit	그/그녀/그것이 ～할 것이다.		+tur	bitur	그/그녀/그것이 ～될 것이다.
1 복		+mus	bimus	우리가 ～할 것이다.		+mur	bimur	우리가 ～될 것이다.
2 복		+tis	bitis	너희가 ～할 것이다.		+mini	bimini	너희가 ～될 것이다.
3 복		(i→u)+nt	bunt	그들/그녀들/그것들이 ～할 것이다.		(i→u)++ntur	buntur	그들/그녀들/그것들이 ～될 것이다.

인칭	능동태 미래형		수동태 미래형	
	변화형태	의미	변화형태	의미
1 단	bo	내가 ～할 것이다.	bor	내가 ～될 것이다.
2 단				
3 단				
1 복				
2 복				
3 복				

인칭	능동태		수동태	
	변화형태	의미	변화형태	의미
1 단	bo	내가 ~할 것이다.	bor	내가 ~될 것이다.
2 단				
3 단				
1 복				
2 복				
3 복				

27강

반복의 인문학

Repetitio est mater memoriae.

반복은 기억의 어머니입니다(라틴 명구).

다시 하면 됩니다.
한 번 더 해 보죠. 또 다른 시작을.
처음은 모든 이의 것.
터득한 자, 유능한 자. 모두가 가진 처음.
반복할 수 있기에 가능성이 있지요.
반복은 존재의 가능성, 삶이 가능한 이유, 가치.

현재의 반복이 미래, 미래를 가져올 반복.
사랑의 반복이 인생, 누군가를 살릴 반복.
좋음을 반복한다면, 사람 살리게 될 일.
열려 있는 새 시작, 시작될 좋음, 반복.

> Repetitio est / mater memoriae.
> (레페티티오 에스트 / 마테르 메모리아이)
> 반복은 기억의 어머니입니다(라틴 명구).

Repetitio(레페티티오)는 영어 단어 Repeat(반복하다)를 떠올리게 합니다. 이 라틴어 단어는 명사이고 주격 형태로 썼기에 뜻은 "반복은"입니다.*

est(에스트)는 be동사로 "~이다"입니다. "반복은 ~이다"로 해석되게 합니다.

mater(마테르)는 "어머니"(mother)를 뜻합니다. "어머니"의 뜻을 가진 matr-를 matrix로 쓰면 "자궁"("임신한 존재"에서 발전된 의미)을 뜻하는 라틴어 단어가 됩니다. 영화 "매트릭스"에서는 인공 자궁에서 분류된 인류의 모습을 묘사하기도 합니다.**

memoriae(메모리아이)는 라틴어 단어 memoria의 속격 형태(-ae)입니다. memoria는 "기억(할 수 있는 능력)"이나 "기념"을 뜻합니다. 영어 단어로 전자는 memory를, 후자는 "memorial"를 떠올리게 합니다. 두 단어 모두 라틴어 memoria의 의미 범위에 있습니다.

Repetitio(반복은) est(이다) mater(어머니) memoriae(기억의).

* "반복하다"를 스페인어는 repetir로, 프랑스어는 répéter로 씁니다. 형태의 유사성을 보십시오. 같은 의미를 전달하는 이탈리아어 명사 replica(반복)는 우리가 "레플리카"(원작자가 만든 원작의 복제품/원작의 반복)라는 표현을 쓸 때 사용하는 철자입니다.

** 물론 오늘날 영어권에서 자궁을 matrix로 잘 표현하지는 않습니다(womb나 uterus를 사용해서 말합니다). 현재 matrix의 쓰임은 무언가의 바탕이 되는 것이나 어떤 것을 둘러싸고 있는 것으로 나타납니다. 즉, "모체(母體)"나 "그물망" 또는 "(수학의) 행렬"입니다. 독일어와 네덜란드어의 matrix도 이와 같은 의미를 전달합니다.

Repetitio est mater memoriae.
(레페티티오. 에스트. 마테르. 메모리아이)
반복. 이다. 어머니. 기억의.

핵심 point

라틴어 be동사를 알 수 있다.

─『혼자서도 공부할 수 있는 라틴어 문법』13강 pp. 213~218 설명 참고

(※완료형을 배우는 중간 중간 be동사가 나옵니다).

1) 라틴어 be동사 과거형

인칭	변화	뜻(be동사)
1단	eram	내가 ~였다.
2단	eras	네가 ~였다.
3단	erat	그/그녀/그것이 ~였다.
1복	eramus	우리가 ~였다.
2복	eratis	너희가 ~였다.
3복	erant	그들/그녀들/그것들이 ~였다.

인칭	변화	뜻(be동사)
1단	eram	
2단		
3단		
1복		
2복		
3복		

인칭	변화	뜻(be동사)
1단	eram	
2단		
3단		
1복		
2복		
3복		

2) 라틴어 be동사 미래형

인칭	변화	뜻(be동사)
1단	ero	내가 ~일 것이다.
2단	eris	네가 ~일 것이다.
3단	erit	그/그녀/그것이 ~일 것이다.
1복	erimus	우리가 ~일 것이다.
2복	eritis	너희가 ~일 것이다.
3복	erunt	그들/그녀들/그것들이 ~일 것이다.

인칭	변화	뜻(be동사)
1단	ero	
2단		
3단		
1복		
2복		
3복		

인칭	변화	뜻(be동사)
1단	ero	
2단		
3단		
1복		
2복		
3복		

3) 라틴어 be동사 현재형

인칭	변화	뜻(be동사)
1단	sum	내가 ~이다.
2단	es	네가 ~이다.
3단	est	그/그녀/그것이 ~이다.
1복	sumus	우리가 ~이다.
2복	estis	너희가 ~이다.
3복	sunt	그들/그녀들/그것들이 ~이다.

인칭	변화	뜻(be동사)
1단	sum	
2단		
3단		
1복		
2복		
3복		

인칭	변화	뜻(be동사)
1단	sum	
2단		
3단		
1복		
2복		
3복		

28강

사랑받은 인간,
사랑하는 인간

et dixit:

Obsecro, domini mei, declinate in domum pueri vestri

et pernoctate; lavate pedes vestros

et mane proficiscemini in viam vestram.

그가 말했습니다.

부디 간청합니다. 나의 주님들, 당신들 종의 집에 들어오세요.

그리고 당신들 발을 씻고 밤을 보내세요.

그리고 난 뒤 아침에 당신들 길로 떠나가세요(창세기 19:2).*

> * 이 문구에는 나그네 대접과 환대가 매
> 우 중요히 여겨졌던 고대 히브리 사회
> 의 모습이 반영되어 있습니다.

태어남과 존재함은 사랑과 돌봄의 결과입니다. 누구도 사랑 없이 자랄 수는 없습니다. 돌봄 없이 자라는 이도 없습니다. 모든 것을 제공받는 어린 시절을 거치지 않고 자라는 이가 어디 있겠습니까? 사랑과 돌봄 없이 완성된 일은 어떤 것도 없습니다.

기독교는 인간을 하나님의 형상이라고 합니다. 어떤 인간인가를 막론하고 모두가 그 대상이 됩니다. 자격과 조건에 관련 없이 각자에게 평등한 신성성이 있는 것입니다. 기독교인들에게 인간이란 타자의 얼굴에서 신의 형상을 보는 존재입니다. 모든 인간의 다른 인간을 향한 태도도 사랑과 돌봄이어야 마땅한 것이겠지요.

et dixit / "Obsecro, domini mei, / declinate in domum pueri vestri

(에트 딕시트 / 옵세크로 도미니 메이 / 데클리나테 인 도눔 푸에리 베스트리

그가 말했습니다. 부디 간청합니다. 나의 주님들, 당신들 종의 집에 들어오세요.

et pernoctate / lavate pedes vestros

에트 페르녹타테 / 라바테 페데스 베스트로스

그리고 당신들 발을 씻고 밤을 보내세요.

et mane proficiscemini / in viam vestram.

에트 마네 프로피키스케미니 / 인 비암 베스트람)

그리고 난 뒤 아침 일찍 당신네 길로 출발하세요(창세기 19:2).

et(에트)는 "그리고(and)"를 뜻합니다.

dixit(딕시트)는 "그가 말했다"입니다. 이는 dico동사(나는 말한다)를 완료 형태로 쓴 것입니다. dic이 들어 있는 영어 단어 dictation(딕테이션)은 "말하는" 대로 받아쓴 것을 뜻해서 "받아쓰기"입니다.*

> * 영어 dictate(받아쓰게 하다/명령[지시]하다)에 대응하는 스페인어로는 dictar가, 프랑스어로는 dicter가 있습니다.

Obsecro(옵세크로)는 ob(~향한)secro(sacro, 신성시함), 즉 누군가를 향한 신성시하는 태도를 보이는 것으로 "나는 간청한다/탄원한다"를 뜻합니다.

domini mei(도미니 메이)는 "나의 주님들이여"라는 부름(calling)입니다.

Obsecro(간청합니다) domini mei(나의 주님들)입니다.

declinate(데클리나테)는 기본형 declino를 여러 사람에게 말하는 명령법 형태(-te)로 쓴 것입니다. declino는 "구부리다", "숙이다" 또는 단어의 형태와 격이 변화함을 뜻하는 말인 "굴절함/굴절됨"을 뜻합니다. 여기서는 자신의 집을 떠나려는 이들을 붙잡고 하는 말이라는 맥락에서 쓰였기에 "몸을 숙여" 이곳으로 들어오라는 말이 됩니다.

in은 "~안에/~에로"를 뜻하며 뒤에 목적격이나 탈격이 옵니다. 탈격은 어느 장소에 고정해서 멈추어 있는 상태를 가리키고, 목적격은 어떤 장소 "안으로" 들어오는 움직임과 방향성을 드러냅니다. 여기서는 뒤에 domum(집을), 즉 목적격이 나오기에 "집 안으로"(오라)가 됩니다.

declinate in domum(집으로 들어오세요)입니다.

pueri(푸에리)는 puer의 속격 형태(-i)입니다. 이 단어는 나이가 어린 남성, 즉 "소년"으로 주로 쓰이나 여기서는 관계적으로 아래에 있는 자인 "종" 또는 "하인"이라는 뉘앙스로 이해됩니다.

vestri(베스트리)는 2인칭 대명사로 복수 속격(-i), 즉 "너희의"입니다.

pueri vestri(푸에리 베스트리)는 함께 속격 형태로 쓰여 domum을 꾸며 줍니다. 즉, pueri vestri(너희 종의) domum(집)입니다.

declinate(들어오세요) in domum(집으로) pueri vestri(당신들 종의).

pernoctate(페르녹타테)는 per(통과하여)noc(밤)tate(여러분은~하세요), 즉 "여러분들 밤새 묵고 가세요"를 뜻합니다.

Carpe diem(카르페 디엠)이 "하루를 붙잡아라"라면 Carpe noctem(카르페 녹템)은 "밤(새 벽)을 붙잡아라"입니다. 후자는 유럽의 재정 위기 때 미국 트레이더들이 시차를 극복하고 유럽 증시 시간에 맞추어 새벽 일찍 일어나 정보를 얻던 상황을 가리켜 말하는 시사 용어입니다. 해리 포터에서는 주위를 "밤"처럼 깜깜하게 만든다고 해서 "녹스"라는 마법 주문이 나오기도 했습니다.

이어서 lavate(라바테)도 어미가 -te로 복수 명령법입니다. lavo동사(씻다/목욕하다)를 사용했으므로 "여러분들 씻으세요"라는 의미입니다.

"라벤더"(lavender) 꽃을 향수로 만들어 파는 이들은 라벤더의 "lav-"가 위 동사에서 나왔다고 말하기도 합니다. 고대 로마인들이 목욕할 때 욕조에 넣고 즐겼던 꽃으로 명명된 이름이라는 것입니다. 추측일 뿐이지만 이 이야기는 우리가 이 단어를 기억하는 데 도움을 줍니다.*

pedes(페데스)는 "발들을"입니다. 3변화 명사 복수 목적격 형태(-es)가 쓰였습니다. ped-(발)는 자동차나 자전거의 "페달"(pedal)이나 "보행자"(pedestrian) 또는 "(걷지 못하게) 방해/저지하다"(impede)와 같은 영어 단어를 떠올리면 쉽게 기억될 수 있습니다.**

또 다른 예로 "매니큐어(manicure, nail polish)"는 라틴어의 손(manus)과 돌보다(cur-)를 합친 것이고 "패디큐어"는 발(pedi-)과 돌보다(cur-)를 합친 것입니다.***

vestros(베스트로스)는 pedes와 함께 복수 목적격(-os)으로 쓰여 "너희 발들을"로 해석됩니다.

> * 관련하여 "씻다"를 가리키는 말은 이탈리아어로 lavare, 스페인어로 lavar, 프랑스어로 laver (se)입니다. 또한 세 언어 모두에서 lavabo는 "세면대"를 가리키는 말로 씁니다. 영어 단어로는 lavatory(화장실)과 laundry(세탁소) 등이 이와 관련되어 있습니다.
>
> ** 위 세 단어는 이탈리아어로만 살펴보아도 각각 pedale, pedone, impedire입니다. 모두 ped를 공유하는 것이죠.
>
> *** 한편 라틴어 ped-가 "발"을 뜻하는 데 반해 그리스어에서 온 ped-는 "어린이"를 뜻합니다. 가령 "소아과"를 뜻하는 단어 pediatrics의 ped는 그리스어에서 왔습니다.

et pernoctate(밤새 묵으시고) lavate(씻으세요) pedes vestros(여러분들 발들을)입니다.

mane(마네)는 "아침 일찍"/"이른 아침"을 뜻합니다. 영어 good morning은 라틴어 bonum mane(좋은 아침!)로, 영어 good night은 라틴어 bonam noctem(좋은 밤!)으로 표현합니다.

proficiscemini(프로피키스케미니)의 e는 미래형 어간이고 mini는 주어가 2인칭 복수임을 뜻합니다(탈형동사로서 형태는 수동이나 뜻은 능동이 됩니다). 앞쪽에 있는 proficisc는 pro

와 ficisc(→ficio→facio)의 합성어로 "앞으로 나아가다/출발하다"입니다. 즉, proficiscemini 는 "출발할 것이다"입니다.

in 뒤에 목적격이 오면 그 안으로 들어가는 움직임을 나타내고, 탈격이 오면 고정된 모습을 보여 준다고 했습니다. 여기서는 목적격으로 viam vestram(너희의 길을)이라고 썼습니다.

mane(아침 일찍) proficiscemini(여러분은 출발할 것입니다) in viam vestram(여러분의 길로)입니다.

et dixit: "Obsecro, domini mei, declinate in domum pueri vestri
그가 말했습니다. "부디 간청합니다. 나의 주님들, 당신들 종의 집에 들어오세요.

et pernoctate; lavate pedes vestros
그리고 당신들의 발을 씻고 밤을 보내세요.

et mane proficiscemini in viam vestram."
그리고 난 뒤 아침 일찍 당신네 길로 출발하세요."

et dixit "Obsecro, domini mei, declinate in domum pueri vestri
(에트 딕시트 옵세크로 도미니 메이 데클리나테 인 도눔 푸에리 베스트리

그리고. 말했다. 간청하다. 주님. 나의. 들어오라. 안으로. 집. 종. 너희들의

et pernoctate lavate pedes vestros
에트 페르녹타테 라바테 페데스 베스트로스

그리고. 밤새 묵으라. 씻으라. 발들을. 너희들.

et mane proficiscemini in viam vestram."
에트 마네 프로피키스케미니 인 비암 베스트람)

그리고. 아침 일찍. 출발할 것이다. ~로. 길. 너희들.

핵심 point

라틴어 완료 시제의 어미 변화를 알 수 있다.

－『혼자서도 공부할 수 있는 라틴어 문법』13강 pp. 210~214 설명 참고.

1) declinate, pernoctate, lavate (여러분들)

들어오세요, 밤을 보내세요, 씻으세요(복수 명령형)

2) in+목적격(~안으로/~로)

3) 라틴어 동사 "dix– 말하다"(dico, dicere, dixi, dictus)의 현재완료

완료형 능동태 어간	현재완료 인칭어미		형태		뜻
dix–	i	이	dixi	딕시	내가 말했다.
	isti	이스티	dixisti	딕시스티	네가 말했다.
	it	이트	dixit	딕시트	그/그녀/그것이 말했다.
	imus	이무스	diximus	딕시무스	우리가 말했다
	istis	이스티스	dixistis	딕시스티스	너희가 말했다
	erunt	에룬트	dixerunt	딕세룬트	그들/그녀들/그것들이 말했다

완료형 능동태 어간	현재완료 인칭어미		형태		뜻
dix–	i		dixi		

완료형 능동태 어간	현재완료 인칭어미		형태		뜻
dix–	i		dixi		

4) 라틴어 동사 "dix- 말하다"(dico, dicere, dixi, dictus)의 과거완료

완료형 능동태 어간	과거완료 인칭어미 (sum동사의 과거)		형태		뜻
dix-	eram	에람	dixeram	딕세람	내가 말했었다.
	eras	에라스	dixeras	딕세라스	네가 말했었다.
	erat	에라트	dixerat	딕세라트	그/그녀/그것이 말했었다.
	eramus	에라무스	dixeramus	딕세라무스	우리가 말했었다.
	eratis	에라티스	dixeratis	딕세라티스	너희가 말했었다.
	erant	에란트	dixerant	딕세란트	그들/그녀들/그것들이 말했었다.

완료형 능동태 어간	과거완료 인칭어미 (sum동사의 과거)		형태		뜻
dix-	eram				

완료형 능동태 어간	과거완료 인칭어미 (sum동사의 과거)		형태		뜻
dix-	eram				

5) 라틴어 동사 "dix- 말하다"(dico, dicere, dixi, dictus)의 미래완료

완료형 능동태 어간	미래완료 인칭어미 (sum동사의 미래)		형태		뜻
dix-	ero	에로	dixero	딕세로	내가 말했을 것이다.
	eris	에리스	dixeris	딕세리스	네가 말했을 것이다.
	erit	에리트	dixerit	딕세리트	그/그녀/그것이 말했을 것이다.
	erimus	에리무스	dixerimus	딕세리무스	우리가 말했을 것이다
	eritis	에리티스	dixeritis	딕세리티스	너희가 말했을 것이다
	erint	에린트	dixerint	딕세린트	그들/그녀들/그것들이 말했을 것이다

완료형 능동태 어간	미래완료 인칭어미 (sum동사의 미래)		형태		뜻
dix-	ero				

완료형 능동태 어간	미래완료 인칭어미 (sum동사의 미래)		형태		뜻
dix-	ero				

29강

수고와 진실로 하는 사랑

Non diligamus verbo nec lingua sed in opere et veritate.

우리가 말과 혀가 아니라 수고와 진실로써 사랑합시다

(요한일서 3:18).

친절한 말은 손을 건네는 행동이 더해질 때 의미가 생긴다. "도와주다"라는 뜻을 가진 영어 관용구 표현 "Give a hand"에 돕는 실천적 행위가 암시되어 있듯이 말이다.

앞 장의 라틴 문구는 무엇이 사랑을 사랑 되게 하는지 알려 준다. 바로 "수고와 진실로" 하는 사랑이다. 이것은 "말과 혀"를 넘어서는 일이다. 그러므로 진정한 사랑은 사실 제대로 실천하기 어려운 것이다. "너희 중에 누구든지 그에게 이르되 평안히 가라, 덥게 하라, 배부르게 하라 하며 그 몸에 쓸 것을 주지 아니하면 무슨 유익이 있으리요"(약 2:16/개역개정). 위 성구도 비슷한 관점을 보여 준다. 그럴싸해 보이나 실체가 없는 말과 혀는 오히려 없는 것을 더욱 부각시켜 줄 뿐이다. 그렇다면 무엇이 사랑을 증명할 수 있을까? 수고와 진실의 열매만이 사랑을 증명할 수 있다.

삶의 풍성함은 사랑의 진실과 수고가 더해 줄 수 있다. 그 사랑이 인간의 아름다움과 가치를 드러내고, 또 다른 인간에게 감동을 주며, 살아 있음이 가진 희망을 표현해 낸다. "우리가 말과 혀가 아니라 수고와 진실로써 사랑합시다."

Non diligamus verbo nec lingua / sed in opere et veritate.
(논 딜리가무스 베르보 네크 링구아 / 세드 인 오페레 에트 베리타테)
우리가 말과 혀가 아니라 수고와 진실로써 사랑합시다(요한일서 3:18).

가정법은 (확정된 말이나 사실을 말하는) 직설법과 달리, 생각이나 의견 또는 권고 및 가능성 등을 말할 때 다양하게 씁니다.

이번 문장을 통해서는 가정법을 "권고"의 용법으로 쓰는 경우를 살펴봅니다.*

diligamus(딜리가무스)는 diligo동사(사랑하다/존경하다/골라내다)를 가정법 어간(a)과 주어를 1인칭 복수(mus)로 해서 쓴 표현으로 "우리가 사랑하자"를 뜻합니다.**

verbo(베르보)는 "말"이나 "단어" 또는 (문법 용어로) "동사"를 뜻합니다. 영어 단어 verb(동사)가 여기서 나왔습니다. 여기서는 원형 verbum을 탈격으로 쓴 것(말을 가지고, -o)입니다.

> * 그밖에 다양한 용법들에 대해서는 향후 출간될 문법책의 "가정법"에서 다룰 예정입니다.
>
> ** 관련된 영어 단어 diligent(부지런한)는 고르고 골라낸 사랑하는 사람(dilig)을 위한 자질이 바로 "부지런한/성실한"이란 점에 착안해 생각될 수 있지 않을까 합니다(cf. 스페인어와 이탈리아어의 경우 이 단어를 diligente로 씁니다).

lingua(링구아)는 "혀" 또는 (혀로 하는 것인) "언어"를 뜻합니다. 영어 단어 language(언어)와 형태상 유사점을 공유합니다. verbo와 같이 탈격으로 썼습니다(혀를 가지고, -a).

nec(네크)는 영어의 nor이나 neither처럼 앞에서 나온 부정의 내용을 뒤에까지 이어줍니다(~도 아니다).

앞과 뒤의 verbo와 lingua, 즉 "말과 혀를 가지고" 하는 것은 모두(nec) 아니라(non)는 것입니다. verbo nec lingua(말과 혀로는) diligamus(우리가 사랑하지) Non(말자), 즉 "우리가 말과 혀를 가지고는 사랑하지 말자"입니다.

in(인)은 "안에서"를 뜻합니다.

opere(오페레)는 "일", "수고", "업적"을 뜻하는 단어 opus를 in 뒤에 탈격으로 쓴 것(-e)입니다.

et(그리고)로 연결된 veritate(베리타테)도 in의 탈격 지배 범위로 들어갑니다. "진리" 또는 "진실"을 뜻하는 veritas의 탈격 형태(-e)입니다.

in opere et veritate는 "수고와 진실 안에서", 즉 "수고와 진실로써"입니다.

라틴어 Non(논)은 영어의 not이고 라틴어 sed(세드)는 영어의 but입니다.

여기서 쓰인 라틴어 non A sed B는 영어의 not A but B 구문으로 번역됩니다(A가 아니라 B).

A에 해당하는 것, 즉 "말과 혀를 가지고"(verbo nec lingua)가 아니라, B에 해당하는 것, 즉 "수고와 진실 안에서"(in opere et veritate) "사랑하는 것"(diligamus)이어야 합니다.

verbo nec lingua(말과 혀를 가지고가) non(아니라)

sed(대신) in opere et veritate(수고와 진실로써) 사랑하자(diligamus).

Non diligamus verbo nec lingua sed in opere et veritate.
(논 딜리가무스 베르보 네크 링구아 세드 인 오페레 에트 베리타테)

Not. 우리가 사랑하자. 말. neither. 혀. but. ~로. 수고로써. and. 진실로써.

핵심 point

라틴어 동사 "diligo 사랑하다/존경하다"의 가정법 현재형 변화를 표현할 수 있다.

– 향후 출간될 문법책 중 "가정법"에서 참고

1) verbo 말을 가지고(단수 탈격) – 2변화 명사

2) lingua 혀를 가지고(단수 탈격) – 1변화 명사

3) nec ~도 아니라(nor/neither)

4) non A. sed B. A가 아니라 B(not A but B)

5) 라틴어 동사 "diligo 사랑하다." 가정법 현재형 능동태

※ 가정법의 다른 시제들과 쓰임도 향후 출간될 문법책 중 "가정법"에서 참고합니다.

> * 가정법을 딱 들어맞는 한국어로 옮기는 것에는 한계가 있습니다. 가
> 정법의 권고적 용례를 연습하기 위해 만든 문제로 여겨 주시기 바랍
> 니다. 영어로는 화자의 의지를 표현하기 위해 will을 사용하는 방식으
> 로 이해해 볼 수 있습니다.
> 1인칭 단수는 의견을 묻는 것(내가 할까나)에, 1인칭 복수는 영어
> 표현 Let's(우리 ~하자)에 가깝게 쓰입니다.
> 2인칭 단수와 복수는 주로 부정어와 함께 "너/너희는 사랑하지
> 마라"라는 식으로 씁니다.
> 3인칭 단수와 복수는 (부드러운 명령조로) "그/그들이 사랑 하라
> 고 하자"의 뜻으로 씁니다.

인칭	가정법 현재형 능동태				
	어근	가정법 현재 어간	어미변화	변화형태	뜻("~할 것이다."로 통일해서 연습)*
1 단			+m	diligam	내가 사랑할 것이다.
2 단			+s	diligas	네가 사랑할 것이다.
3 단			+t	diligat	그/그녀/그것이 사랑할 것이다.
1 복	dilig	+a	+mus	diligamus	우리가 사랑할 것이다.
2 복			+tis	diligatis	너희가 사랑할 것이다.
3 복			+nt	diligant	그들/그녀들/그것들이 사랑할 것이다.

인칭	가정법 현재형 능동태				
	어근	가정법 현재 어간	어미변화	변화형태	뜻
1 단					
2 단					
3 단	dilig				
1 복					
2 복					
3 복					

인칭	가정법 현재형 능동태				
	어근	가정법 현재 어간	어미변화	변화형태	뜻
1 단	dilig				
2 단					
3 단					
1 복					
2 복					
3 복					

30강

좋은 삶에 관하여

Quam bene vivas refert non quam diu.

얼마나 오래보다 얼마나 잘 사느냐가 중요합니다

(세네카, *Epistulae morales ad Lucilium,* 17, 101, 15).

살아갈 날이 앞으로 얼마나 남아 있을지 아는 이는 아무도 없다. 분명한 점은 지금 살아 있다는 것이고, 막연히 가까운 미래까지는 살아 있으리라는 것이다.

그런 우리가 할 수 있는 일은 무엇일까? 무엇을 해야 할까? 이 찰나에 스쳐가는 인생에 어떤 의미를 살아낼 수 있을까?

죽음의 때에는 나의 살았던 시간이 어떤 의미였는지 드러나겠지. 부디 나의 시간들이 '잘' 보낸 시간들이었기를.

인간적인 마음으로는 너무 짧게 살지 않기를 바라지만, 그래도 오랜 생을 멋없게 종결하고 싶지는 않다. 더군다나 길게 살고 싶다고 해서 인간이 그것을 해낼 수나 있겠는가.

미래를 만들어 가는 현재를 살기를. 산다고 다 같은 사는 것이 아니라면, 어떻게 살았는가야말로 참으로 중요한 문제이겠지.

> **Quam bene vivas refert / non quam diu.**
> (쿠암 베네 비바스 레페르트 / 논 쿠암 디우)
> 얼마나 오래가 아니라 얼마나 잘 살고 있는지가 중요합니다
> (세네카, *Epistulae morales ad Lucilium*, 17, 101, 15).

로마 시대 철학자인 세네카가 한 말입니다.

이 짧은 문장 안에 부사가 4개나 들어 있습니다. bene, non, quam, diu입니다.

라틴어로 부사는 adverbum(아드베르붐)이라고 합니다. ad(-향해)verbum(단어), 즉 어떤 단어를 향해 있는(수식하는) 말입니다.

명사를 수식하는 것은 형용사라고 앞서 배웠습니다. 한편 명사를 제외한 대부분(동사, 형용사, 다른 부사, 문장 전체)을 수식하는 것이 바로 부사입니다. 부사는 주로 앞쪽에 있으면서 뒤의 있는 단어나 문장을 설명해 줍니다. 흔히 형용사가 명사 뒤에 오는 것과 구별됩니다.

형용사로부터 파생된 부사들은 (라틴어 문법 공부를 대부분 그렇게 했듯) 새로운 어미를 덧붙이는 식으로 만듭니다. 한편 위 문구에 나오는 부사들은 어미 변화와 상관없이 그 자체로 존재하는 부사들입니다. 즉, 위에 나온 모습 그대로 암기해야 하는 표현들입니다.

뒤에 있는 구문(non quam diu)부터 먼저 보도록 합니다.

non(논)은 영어의 not과 같습니다.

quam(쿠암)은 관계대명사(that)나 비교급(than)과 형태가 같지만 여기서는 "얼마

나"(how)를 뜻하는 부사로 쓰였습니다.

diu(디우)는 고유 형태를 가진 부사로 long(오래)를 뜻합니다.

non quam diu는 "얼마나 오래가 아니라"(not how long)를 뜻합니다.

문장의 앞쪽으로 와서 봅니다.

Quam bene(쿠암 베네)는 "얼마나 잘"(how well)에 해당합니다.

bene(베네)가 들어간 프렌차이즈 커피숍인 "카페 베네"(Caffè Bene)는 이탈리아어의 "커피"(Caffè)와 "좋은"(bene)을 더해 만든 말입니다.* 여기서 bene(베네)가 위 문장에서 쓰인 라틴어 부사 "좋게"(well)에 근거한 것입니다.

vivas(비바스)는 vivo동사(살다/살아 있다)를 가정법 어간(a)에 주어를 2인칭 단수(s)로 해서 쓴 것입니다. 지금까지 내용은 이와 같습니다.

> * "카페"는 이탈리아어로 Caffè, 스페인어와 프랑스어에서 Café로 강세와 형태(f)에 있어 사소한 차이가 나타납니다. 추가로, "카페라떼"는 이탈리아어에서 온 말(Caffè latte)로서 카페오레(Café au lait, 프랑스어)나 카페콘레체(Café con leche, 스페인어)와 같이 "우유를 넣은 커피"를 뜻하는 말입니다.

"얼마나 오래 살았는지가 아니라(non quam diu/not how long [you live])

얼마나 잘 살았는지가(Quam bene vivas/How well you live)"

refert(레페르트)는 그 자체로 "중요한 일이다", "문제가 되는 일이다"로 많이 쓰이는 표현입니다. 영어로는 "It is important" 또는 "It is the main thing"으로 말할 수 있습니다.

문장을 영어로 번역하면 "The important thing is not how long you live, but how well you live" 또는 "Not how long, but how well you live is the main thing" 정도가 가능할 것입니다.

아래의 표를 보면서 내용을 정리해 보시기 바랍니다.

Quam bene vivas

얼마나(how). 잘(well). 너는. 산다(가정법으로). → 네가 얼마나 잘 살았는지가

refert(중요하다) → (그것이) 중요하다.

non quam diu. (vivas)

부정어. 얼마나(how). 오래(long). 생략. → 네가 얼마나 오래 살았는지가 아니라

: 네가 얼마나 오래 살았는지보다 네가 얼마나 잘 살았는지가 중요하다.

문법 속으로

Quam bene vivas refert non quam diu.

(쿠암. 베네. 비바스. 레페르트. 논. 쿠암. 디우)

얼마나. 잘. 사는 것. 중요하다. not. 얼마나. 오래.

....

핵심 point

라틴어 부사를 알 수 있다.

– 향후 출간될 문법책의 "부사"에서 참고

1) quam 얼마나(how)

2) bene 잘(well)

3) refert (그것은) 중요하다/중요한 것이다.

4) diu 오래(long)

유럽어 발음 구별 특강 〈자음편〉

프랑스어, 스페인어, 독일어, 네덜란드어 발음의 구별을 위한 간략한 팁을 전해 드립니다. 네 언어를 J, G, H 세 개의 알파벳을 중심으로 빠르고 간략하게 비교합니다.*

* 아래의 구별은 다른 누구에게서 간접적으로라도 듣거나 보거나 배운 것이 아닌, 제가 직접 공부하며 가장 확연하게 느낀 발음상의 차이입니다. 다양한 언어에 관심 있는 분들의 공부에 참고가 되길 바라며 정리해 보았습니다.

프랑스어 **J-쥐, G-제,** H-묵음
스페인어 **J-호,** G-헤(or게), H-묵음
독일어 J-요, **G-게(or헤or케),** H-묵음(or하)
네덜란드어 J-예, G-헤(or게or케), **H-하**

프랑스어는 다른 언어들에 비해 위 자음들이 영어를 따라가는 경향을 보입니다. J와 G가 "쥐"/"제"(ㅈ)발음이 납니다. 단, 영어와 달리 H는 묵음입니다.

스페인어는 J를 "호"(ㅎ)발음으로 강하게 하는 것이 특징입니다. 그리고 J의 강력한 ㅎ발음은 G발음에서도 일부 나타납니다. H는 묵음입니다.

두 언어 모두 라틴어 계열(로망스어)에 있는 대표적인 현대어입니다.*

독일어는 J를 "요"(ㅇ)라고 발음합니다. 라틴어에서 i 가 i(이)와 j(ㅈ) 역할 모두를 한다는 점을 떠올리는 것이 기억에 도움을 줍니다. G는 스페인어처럼 "헤"(ㅎ)와 "게"(ㄱ) 발음이 나며 단어 마지막에 올 때는 "케"(ㅋ) 소리도 납니다 (한편 J와 G 모두 영어/프랑스 등에서 온 외래어를 표현할 경우 "ㅈ"발음도 납니다).

네덜란드어도 독일어처럼 J를 I발음으로 합니다(예/이). 또한 G발음의 경우 "ㅎ"발음과 "ㄱ" 발음 또는 "ㅋ" 발음 사이의 소리를 가래 끓듯 매우 강하게 내는 것이 특징입니다. H는 위 언어들 중 네덜란드어에서만 "ㅎ"소리가 가장 분명하게 나는 특징을 보입니다(외래어 표현 시엔 G에서 "ㄱ"나 "ㅈ"발음도 납니다).

위 두 언어는 영어와 함께 게르만어 계열에 있는 현대어입니다. 라틴어 계열과 게르만어 계열의 언어는 모두 인도유럽어족 언어에 속해 있습니다.**

요컨대 프랑스어의 자음은 영어를 떠올리게 하고, 스페인어는 J(호)의 영향이 강하게 나타남을 기억하고, 독일어는 강한 발음("ㅎ", "ㄱ", "ㅋ")를 위해 (J가 아닌) G가 그 역할을 한다고 보고, 네덜란드어는 독일어와 대체로 유사하지만 유독 H가 소리를 난다고 기억하면 됩니다.

더 많은 라틴어 공부를 위해

온라인으로 참조할 수 있는 라틴어 사전들을 소개합니다.

1. 페르세우스 디지털 라이브러리에서 제공하는 루이스(Charlton T. Lewis)와 쇼트 (Charles Short)의 *A Latin Dictionary*입니다. 라틴어가 학습자라면 반드시 수시로 참조 해야 할 사전입니다.

   http://www.perseus.tufts.edu/hopper

2. 무난하게 찾아볼 만한 고전적인 사전으로 *Cassell's Latin Dictionary*가 있습니다.

   https://archive.org/details/cassellslatindic00marc

3. 프랑스어 사용자에게는 Gaffiot의 *Dictionnaire Illustré Latin-Français*가 매우 유용한 사전입니다.

   https://logeion.uchicago.edu

4. 다른 외국어 사용자들도 사용할 수 있는 여러 라틴어 사전을 소개하는 아래 링크도 꼭 한 번 접속해서 살펴보시기 바랍니다.

   https://www.lexilogos.com/english/latin_dictionary.htm

30문장 모음

Tantum videmus quantum scimus.

우리는 아는 만큼 봅니다.

001 Non est opus valentibus medico sed male habentibus.

건강한 사람이 아닌 병든 사람에게 의사가 필요합니다(마태복음 9:12).

002 Ira viri iustitiam Dei non operatur.

사람의 분노로는 신의 정의를 이룰 수 없습니다(야고보서 1:20)

003 Amantium irae amoris integratio est.

사랑하는 이들의 화는 사랑을 갱신합니다(테렌티우스, *Andria*, 555행)

004 Corona dignitatis canities, quae in viis iustitiae reperietur.

품위 있는 면류관인 백발은 정의의 길에서 얻게 됩니다(잠언 16:31).

005 Anima enim plus est quam esca, et corpus quam vestimentum.

생명이 음식보다 소중하고 몸이 옷보다 소중합니다(누가복음 12:23)

006 Fama volat.

소문은 날아다닙니다(베르길리우스, *Aeneid*, 8권, 554행).

007 Habet Deus suas horas et moras.

신께서는 그분 자신만의 시간과 기다림을 갖고 계십니다(라틴 명구).

008 Mora omnis odio est, sed facit sapientiam.

모든 기다림은 질색이더라도 지혜를 만듭니다(푸블릴리우스 시루스, *Sententiae*, 311).

009 Tantum videmus quantum scimus.

우리는 아는 만큼 봅니다(라틴 명구).

010 Aut inveniam viam aut faciam.

나는 길을 찾을 것이고 없으면 만들 것이다(한니발).

011 Aures aperuisti, sed non audis.

당신은 귀가 열려 있으면서도 듣지 못합니다(이사야 42:20).

012 Pax Romana. Pax Americana.

로마의 평화, 미국의 평화(세네카, 리메이크 버전)

013 Per ardua ad astra

역경을 지나서 별을 향해(여러 나라의 공군 또는 도시의 모토)

014 Ave Caesar! Ave Maria!

카이사르 만세! 마리아여 안녕히!(로마 황제 클라우디스, 성모송)

015 Domine, quo vadis?

주여, 어디로 가시나이까?(요한복음 13:36)

016 Mater artium necessitas.

필요는 기술들의 어머니입니다(아풀레이우스, 로마 속담).

017 Sicut aqua profunda consilium in corde viri, sed homo sapiens exhauriet illud.

사람의 마음에 있는 계획은 깊은 물과 같지만 슬기로운 사람은 그것을 끌어냅니다
(잠언 20:5).

018 Mens sana in corpore sano.

건강한 몸에 건전한 정신이 있기를(유베날리스, *Satura X*, 356행)

019 Omnium rerum principia parva sunt.

모든 것의 시작은 작습니다(키케로, *De Finibus Bonorum et Malorum*, 5, 21, 58)

020 Mortui soli finem belli viderunt.

오직 죽은 자들만이 전쟁의 끝을 보았습니다(플라톤의 말 라틴어로 인용, 출처는 불분명).

021 Alter alteri ne invideat.

서로 시기하지 마세요(라틴 명구).

022 Et vos ergo, amate peregrinos,

quia et ipsi fuistis advenae in terra Aegypti.

그러므로 너희 또한 이방인들을 사랑하라.

왜냐하면 바로 너희가 이집트 땅에서 이방인들이었기 때문이다(신명기 10:19).

023 Videte et cavete ab omni avaritia,

quia si cui res abundant,

vita eius non est ex his, quae possidet.

여러분은 모든 탐욕을 주의하고 경계하십시오.

만약 누군가에게 가진 것이 넘쳐난다 해도

그 생명은 소유한 것으로부터 나오는 것이 아니기 때문입니다(누가복음 12:15).

024 Age quod agis.

당신이 지금 하고 있는 바로 그 일을 행하십시오(라틴 명구).

025 Uno die tempus

하루에 한 타임, 하루하루, 한 걸음 한 걸음, 날마다(라틴 명구).

026 Luctor et emergo.

나는 분투하며 떠오릅니다(라틴 명구. 네덜란드 Zeeland의 모토).

027 Repetitio est mater memoriae.

반복은 기억의 어머니입니다(라틴 명구).

028 et dixit: "Obsecro, domini mei, declinate in domum pueri vestri

et pernoctate; lavate pedes vestros

et mane proficiscemini in viam vestram.

그가 말했습니다. 부디 간청합니다. 나의 주님들, 당신들 종의 집에 들어오세요.

그리고 당신들 발을 씻고 밤을 보내세요.

그리고 난 뒤 아침에 당신들 길로 떠나가세요(창세기 19:2).

029 Non diligamus verbo nec lingua sed in opere et veritate.

우리가 말과 혀가 아니라 수고와 진실로써 사랑합시다(요한일서 3:18).

030 Quam bene vivas refert non quam diu.

얼마나 오래가 아니라 얼마나 잘 살고 있는지가 중요합니다(세네카, *Epistulae morales ad*

Lucilium, 17, 101, 15).